AF555709

ANDROMEDE
TRAGEDIE.
PAR Mr. CORNEILLE.

Sur l'Imprimé.

A ROVEN,

Chez LAVRENS MAVRRY, demeurant en la ruë aux Iuifs, proche le Palais, au Cœur floriſſant.

M. D. C LII.

Rés. Yf 2155

A

M. M. M. M.

MADAME,

C'est vous rendre vn hommage bien secret, que de vous le rendre ainsi, & ie m'asseure que vous aurez de la peine vous mesme à reconnoistre que c'est vous à qui ie dedie cét Ouurage. Ces quatre lettres Hieroglifiques vous embrasseront aussi-bien que les autres, & vous ne vous apperceuerez iamais qu'elles parlent de vous iusqu'à ce que ie vous les explique. Alors vous m'auoüerez sans doute que ie suis fort exact à ma parole, & fort punctuel à l'execution de vos commandemens. Vous l'auez voulu, & i'obeys, ie vous l'ay promis, & ie m'aquite. C'est peut-estre vous en dire trop pour vn homme qui se veut cacher quelque temps à vous mesme, & pour peu que vous faciez de reflexion sur mes dernieres visites, vous deuinerez à demy que c'est à vous que ce compliment s'adresse. N'acheuez pas ie vous prie, & laissez moy la ioye de vous surprendre par la confidence que ie vous en doibs. Ie vous en coniure par tout le merite de mon obeyssance, & ne vous dy point en quoy les belles qualitez d'Andromede approchent de vos perfections, ny quel rapport ses aduantures ont auec les vostres, ce seroit vous faire vn miroir, où vous vous verriez trop aisément, & vous ne pourriez plus rien ignorer de ce que i'ay à vous dire. Preparez vous seulement à la receuoir, non pas tant comme vn des plus beaux spectacles que la France ait veu, que comme vne marque respectueuse de l'attachement inuiolable à vostre seruice, dont fait vœu,

MADAME,

Vostre tres-humble, tres-obeïssant,
& tres-obligé seruiteur,
CORNEILLE.

ARGVMENT.

Tiré du quatriesme & cinqiesme Liure des Metamorphoses d'Ouide

CASSIOPE femme de Cephée Roy d'Ethiopie fut si vaine de sa beauté, qu'elle osa la preferer à celle des Nereïdes, dont ces Nymphes irritées firent sortir de la Mer vn Monstre, qui fit de si estranges rauages sur les terres de l'obeïssance du Roy son mary, que les forces humaines ne pouuant donner aucun remede à des miseres si grandes, on recourut à l'Oracle de Iuppiter Ammon. La responce qu'en receurent ces malheureux Princes, fut vn commandement d'exposer à ce monstre Andromede leur fille vnique, pour en estre deuorée. Il fallut executer ce triste Arrest, & cette illustre victime fut attachée à vn rocher, où elle n'attendoit que la mort, lors que Percée fils de Iupiter & de Danaë passant par hazard, jetta les yeux sur elle. Il reuenoit de la conqueste glorieuse de la teste de Meduse qu'il portoit sous son bouclier, & voloit au milieu de l'air, au moyen des aisles qu'il auoit attachées aux deux pieds, de la façon qu'on nous peint Mercure. Ce fut d'elle-mesme qu'il apprit la cause de sa disgrace, & l'amour que ses premiers regards luy donnerent, luy fit en mesme temps former le dessein de cõbatre ce Monstre, pour conseruer des iours qui luy estoient deuenus si precieux. Auant que d'entrer au combat il eut loisir de tirer parole de ses parens que les fruits en seroient pour luy, & receut les effets de cette promesse, si tost qu'il eut tué le Monstre. Le Roy & la Reyne donnerent auec grande joye leur fille à son liberateur, mais la magnificence des nopces fut troublée par la violence que voulut faire Phinée frere du Roy & oncle de la Princesse, à qui elle auoit esté promise auant son malheur. Il se jetta dans le Palais Royal auec vne troupe de gens armez ; & Percée s'en deffendit quelque temps sans autre secours que sa valeur & de quelques amis genereux : mais se voyant prest de succomber sous le nombre, il se seruit enfin de cette teste de Meduse, qu'il tira dessous son bouclier, & l'exposant aux yeux de Phinée & des assassins qui le suiuoient, cette fatale veuë les conuertit en autant de statuës de pierre, qui seruirent d'ornement au mesme Palais qu'ils vouloient teindre du sang de ce Heros. Voilà comme Ouide raconte cette Fable, où i'ay changé beaucoup de choses tant par la liberté de l'Art, que par la necessité des ordres du

Theatre, & pour luy donner plus d'agréement.

En premier lieu i'ay creu plus à propos de faire Cassiope vaine de la beauté de sa fille, que de la sienne propre, d'autant qu'il est fort extraordinaire qu'vne femme dont la fille est en âge d'estre mariée, ait encore d'assez beaux restes pour s'en vanter si hautement, & qu'il n'est pas vray semblable que cét orgueil de Cassiope pour elle-mesme eust attendu si tard à esclatter, veu que c'est dans la ieunesse que la beauté estant plus parfaite & le iugement moins formé, donnent plus de lieu à des vanitez de cette nature, & non pas alors que cette mesme beauté commence d'estre sur le retour, & que l'âge a meury l'esprit de la personne qui s'en seroit enorgueillie en vn autre temps.

En suitte i'ay supposé que l'Oracle d'Ammon n'auoit pas condamné precisément Andromède à estre deuorée par le Monstte, mais qu'il auoit ordonné seulement qu'on luy exposast tous les moys vne fille, qu'on tirast au sort pour voir celle qui luy deuoit estre liurée, & que cét ordre ayant desia esté executé cinq fois, on estoit au jour qu'il le falloit suiure pour la sixiesme.

I'ay introduit Percée comme vn Cheualier errant qui s'est arresté depuis vn moys dans la Cour de Cephée, & non pas comme se rencontrant par hazard dans le temps qu'Andromede est attachée au rocher. Ie luy ay donné de l'amour pour elle, qu'il n'oze descouurir, parce qu'il l'auoit promise à Phinée ; mais qu'il nourrit toutefois d'vn peu d'espoir, parce qu'il voit son mariage diferé iusques à la fin des malheurs publics. Ie l'ay fait plus genereux qu'il n'est dans Ouide, où il n'entreprend la deliurance de cette Princesse, qu'aprés que ses parens l'ont asseuré qu'elle l'espouseroit si-tost qu'il l'auroit deliurée. I'ay changé aussi la qualite de Phinée que i'ay fait seulement nepueu du Roy dont Ouide le nomme frere : le mariage de deux cousins me semblant plus supportable dans nos façons de viure, que celuy de l'oncle & de la niepce, qui eust pû sembler vn peu plus estrange à mes auditeurs.

Les Peintres qui cherchent à faire paroistre leur Art dans les nuditez, ne manquent iamais à nous representer Andromède nuë au pied du rocher où elle est attachée, quoy qu'Ouide n'en parle point. Ils me pardonneront si ie ne les ay pas suiuis en cette inuention, comme i'ay fait en celle du cheual Pegase, sur lequel ils montent Percée pour combatre le Monstre, quoy qu'Ouide ne luy donne que des aisles aux talons. Ce changement donne lieu à vne machine toute extraordinaire & merueilleuse, & empesche que Percée ne soit pris pour Mercure : outre qu'ils qu'ils ne le mettent pas en cét équipage sans fondement, veu que le mesme Ouide raconte que si-tost que Percée eut couppé la monstrueuse teste de Meduse, Pegase tout aislé sortit de cette Gorgone, & que Percée s'en pût saisir dés lors pour faire ses courses par le milieu de l'air.

Nos Globes celestes où l'on marque pour constellations Cephée, Cassiope, Percée & Andromede, m'ont donné iour à les faire enleuer tous quatre au Ciel sur la fin de la piece pour y faire les nopces de ses amans, comme si la terre n'en estoit pas digne.

Au reste comme Ouide ne nomme point la Ville où il fait arriuer cette Auanture, ie ne me suis non plus enhardy à la nommer. Il dit pour toute chose que Cephée regnoit en Ethiopie, sans designer sous quel climat. La Topographie moderne de ces contrées là n'est pas fort connuë, & celle du temps de Cephée encore moins. Ie me contenteray donc de vous dire qu'il faloit que Cephée regnast en quelque pays maritime, que sa ville capitale fust sur le bord de la mer, & que ses peuples fussent blancs quoy qu'Ethiopiens. Ce n'est pas que les Mores les plus noirs n'ayent leurs beautez à leur mode, mais il n'est pas vray semblable que Percée qui estoit Grec & né dans Argos, fust deuenu amoureux d'Andromede, si elle eust esté de leur teint. I'ay pour moy le consentement de tous les Peintres, & sur tout l'authorité du grand Heliodore qui ne fonde la blãcheur de sa diuine Cariclée que sur vn tableau d'Andromede. Ma Scene sera donc s'il vous plaist dans la ville capitale de Cephée proche de la mer, & pour le nom, vous le luy donnerez tel qu'il vous plaira. Vous trouuerez cét ordre gardé dans les changemens de Theatre, que chaque Acte aussi bien que le Prologue a sa decoration particuliere, & du moins vne machine volante auec vn concert de musique, que ie n'ay employée qu'à satisfaire les oreilles des spectateurs, tandis que leurs yeux sont arrestez à voir descendre ou remonter vne machine, où s'attachent à quelque chose qui leur empesche de prester attention à ce que pourroient dire les Acteurs, comme fait le combat de Percée contre le Monstre : mais ie me suis bien gardé de faire rien chanter qui fust necessaire à l'intelligence de la piece, parce que communément les paroles qui se chantent estãt mal entẽduës des Auditeurs, pour la confusion qu'y apporte la diuersité des voix qui les prononcent ensemble, elles auroient fait vne grande obscurité dans le corps de l'ouurage, si elles auoient eu à instruire l'Auditeur de quelque chose d'important. Il n'en va pas de mesme des machines, qui ne sont pas dans cette Tragedie comme des agréemens détachez, elles en font le nœud & le desnoüement, & y sont si necessaires que vous n'en sçauriez retrancher aucune, que vous ne faciez tomber tout l'edifice. I'ay esté assez heureux à les inuenter & à leur donner place dans la tissure de ce Poëme, mais aussi faut-il que i'aduouë que le sieur Torrelli s'est surmonté luy-mesme à en executer les desseins, & qu'il a eu des inuentions admirables pour les faire agir à propos, de sorte que s'il m'est deu quelque gloire pour auoir introduit cette Venus dans le premier Acte, qui fait le nœud de cette Tragedie par l'Oracle ingenieux qu'elle prononce, il luy en est deub bien dauantage pour l'auoir fait venir de si loin & descendre au milieu de l'air dans cette magnifique estoille, auec tant d'art & de pompe, qu'elle remplit tout le monde d'estonnement & d'admiration. Il en faut dire autant des autres que i'ay introduites & dont il a inuenté l'execution, qui en a rendu le spectacle si merueilleux, qu'il sera mal-aisé d'en faire vn plus beau de cette nature. Pour moy ie confesse ingenuëment que quelque effort d'imagination que i'aye peu faire depuis, ie n'ay peu encor descouurir vn suiet capable de tant d'ornemens exterieurs & où les machines peussent estre distribuées auec tant de iustesse : ie n'en desespere pas toutesfois, & peut-estre que le temps en fera esclatter quelqu'vn assez brillant & assez heureux pour me faire desdire ce que j'auance. En attendant receuez celuy-cy comme le plus acheué qui aye encor paru sur nos Theatres, & souffrez que la beauté de la representation supplée au manque des beaux vers que vous n'y trouuerrez pas en si grande quantité que dans Cinna, où dans Rodogune, parce que mon principal but icy a esté de satisfaire la veuë par l'éclat & la diuersité du spectacle, & non pas de toucher l'esprit par la force du raisonnement, ou le cœur par la delicatesse des passions. Ce n'est pas que i'en aye fuy ou negligé aucunes occasions, mais il s'en est rencontré si peu, que i'ayme mieux aduoüer que cette Piece n'est que pour les yeux.

ACTEVRS.

DIEVX dans les Machines.

IVPPITER.
IVNON.
NEPTVNE.
MERCVRE.
LE SOLEIL.
VENVS.
MELPOMENE.
ÆOLE.
CYMODOCE.
EPHYRE.
CYDIPPE.
Huit VENTS.

HOMMES.

CEPHEE Roy d'Ethiopie, pere d'Andromede.
CASSIOPE Reyne d'Ethiopie.

ANDROMEDE fille de Cephée & de Cassiope.
PHINEE Prince d'Ethiopie.
PERSEE fils de Iuppiter & de Danaë.
TIMANTE Capitaine des Gardes du Roy.
AMMON amy de Phinée.
AGLANTE.
CEPHALIE Nymphes d'Andromede.
LIRIOPE.
VN PAGE de Phinée.
Chœur de Peuple.
Suite du Roy.

La Scene est en Ethiopie, dans la ville capitale du Royaume de Cephée.

DECORATION DV PROLOGVE.

L'Ouuerture du Theatre preſente de front aux yeux des Spectateurs vne vaſte montagne, dont les ſommets inégaux s'éleuant les vns ſur les autres, portent le faiſte iuſques dans les nuës. Le pied de cette montagne eſt percé à iour par vne grote profonde qui laiſſe voir la mer en eſloignement. Les deux coſtez du Theatre ſont occupez par vne foreſt d'arbres toufus & entrelaſſez les vns dans les autres. Sur vn des ſommets de la montagne paroiſt Melpomene, la Muſe de la Tragedie, & à l'oppoſite dans l'autre ſe voit le Soleil s'auancer dans vn char tout lumineux, tiré par quatre cheuaux qu'Ouide luy donne.

ANDROMEDE TRAGEDIE.

PROLOGGVE.

LE SOLEIL, MELPOMENE.

MELPOMENE.

Rreste vn peu ta course impetueuse,
Mon Theatre, Soleil, merite bien tes yeux,
Tu n'en vis iamais en ces lieux
La pompe plus Majestueuse:
I'ay reüny, pour la faire admirer,
Tout ce qu'ont de plus beau la France & l'Italie,
De tous leurs Arts mes sœurs l'ont embellie
Preste moy tes rayons pour la faire éclairer.
Daigne à tant de beautez par ta propre lumiere
Donner vn parfait agrément,
Et rends cette merueille entiere,
En luy seruant toy-mesme d'ornement.

LE SOLEIL.

Charmante Muse de la Scéne,
Chere & diuine Melpoméne,
Tu sçais de mon destin l'inuiolable loy ;
Ie donne l'ame à toutes choses,
Ie fais agir toutes les causes,
Mais quand ie puis le plus, ie suis le moins à moy.
Par vne puissance plus forte
Le char que ie conduis m'emporte,
Chaque iour sans repos doit & naistre & mourir,
I'en suis esclaue alors que i'y préside,
Et ce frein que ie tiens aux cheuaux que ie guide
Ne regle que leur route & les laisse courir.

MELPOMENE.

La naissance d'Hercule & le festin d'Atrée
T'ont fait rompre ces loix,
Et tu peux faire encor ce qu'on t'a veu deux fois
Faire en mesme contrée :
Ie dis plus, tu le dois en faueur du spectacle
Qu'au Monarque des Lys ie prepare auiourd'huy ;
Le Ciel n'a fait que miracles en luy,
Luy voudrois-tu refuser vn miracle ?

LE SOLEIL.

Non, mais ie le reserue à ces bien-heureux iours
Q'annoblira sa premiere victoire,
Alors i'arresteray mon cours
Pour estre plus long-temps le tesmoin de sa gloire.
Pren cependant le soin de le bien diuertir,

Et luy faire auec ioye attendre les années
Qui feront esclatter les belles Destinées
Des Peuples que son bras luy doit assujettir.
Calliope ta sœur desia d'vn œil auide
Cherche dans l'aduenir les faits de ce grand Roy,
Dont les hautes vertus luy donneront employ
Pour plus d'vne Iliade, & plus d'vne Æneide.

MELPOMENE.

Que ie porte d'enuie à cette illustre sœur,
Quoy que i'aye à craindre pour elle,
Que sous ce grand fardeau sa force ne chancelle;
Mais quel qu'en soit enfin le merite & l'honneur,
I'auray sur elle au moins cét auantage,
Que desia ie le vois, que desia ie luy plais,
Et que de ses vertus, & que de ses hauts faits,
Desia dans ses pareils ie luy trace vne image.
Ie luy montre Pompée, Alexandre, César,
Mais comme des Heros attachez à son char,
Et tout ce haut esclat où ie les fais paroistre
Luy peint plus qu'ils n'estoient, & moins qu'il ne doit estre.

LE SOLEIL.

Il en effacera les plus glorieux noms,
Dés qu'il pourra luy-mesme animer son armée,
Et tout ce que d'eux tous a dit la Renommée
Te fera voir en luy le plus grand des Bourbons:
Son pere & son ayeul tous rayonnants de gloire,
Ces grands Roys qu'en tous lieux a suiuy la victoire,

Luy voyant emporter sur eux le premier rang,
En deuiendroient jaloux s'il n'estoit pas leur sang.
Mais vole dans mon char, Muse, ie veux t'apprendre
Tout l'aduenir d'vn Roy qui t'est si precieux.

MELPOMENE.

Ie sçay desia ce qu'on en doit attendre,
Et ie lis chaque iour son destin dans les Cieux.

LE SOLEIL.

Vien donc, viens auec moy faire le tour du monde,
Qu'vnissant ensemble nos voix
Nous facions resonner sur la terre & sur l'onde
Qu'il est & le plus ieune & le plus grand des Roys.

MELPOMENE.

Soleil i'y vole, attends-moy donc de grace.

LE SOLEIL.

Vien, ie t'attends & te fais place.

Melpoméne vole dans le char du Soleil, & y ayant pris place auprés de luy, ils vnissent leurs voix & chantent cét Air à la loüange du Roy ; le dernier vers de chaque couplet est repeté par le Chœur de la Musique.

Cieux escoutez, escoutez mers profondes,
Et vous antres & bois.
Affreux deserts, rochers battus des ondes,
Redites aprés nous d'vne commune voix,
Louys est le plus ieune & le plus grand des Roys.

La Majesté qui desia l'enuironne
Charme tous ses François,
Il est luy seul digne de sa Couronne,
Et quand mesme le Ciel l'auroit mise à leur choix,
Il seroit le plus ieune & le plus grand des Roys.

C'est à vos soins, Reyne, qu'on doit la gloire
De tant de grands exploits,
Ils sont par tout suiuis de la victoire,
Et l'ordre merueilleux dont vous donnez ses loix
Le rend & le plus ieune & le plus grand des Roys.

LE SOLEIL.

Voilà ce que ie dis sans cesse,
Dans tout mon large tour,
Mais c'est trop retarder le iour,
Allons, Muse, l'heure me presse,
Et ma rapidité
Doit regaigner le temps que sur cette Prouince,
Pour contempler ce Prince,
Ie me suis arresté.

Le Soleil part auec rapidité, & enleue Melpoméne auec luy dans son char pour aller publier ensemble la mesme chose au reste de l'Vniuers.

FIN DV PROLOGVE.

DECORATION DV PREMIER ACTE.

CEtte grande maſſe de montagne, & ces rochers eſleuez les vns ſur les autres qui la compoſoient, ayant diſparu en vn moment par vn merueilleux artifice, laiſſent voir en leur place la ville capitale du Royaume de Cephée, ou pluſtoſt la place publique de cette ville. Les deux coſtez & le fonds du Theatre ſont des Palais magnifiques tous differents de ſtructure, mais qui gardent admirablement l'égalité & les iuſteſſes de la Perſpectiue. Aprés que les yeux ont eu loiſir de ſe ſatisfaire à conſiderer leur beauté, la Reyne Caſſiope paroiſt comme paſſant par cette place publique pour aller au Temple. Elle eſt conduite par Perſée, encor inconnu, mais qui paſſe pour vn Caualier de grand merite, qu'elle entretient des mal-heurs publics, attendant que le Roy la rejoigne, pour aller à ce Temple de compagnie.

ACTE I.

SCENE PREMIERE.

CASSIOPE, PERSEE,
Suitte de la Reyne.

CASSIOPE.

GENEREVX *inconnu, qui chez tous les Monarques*
Portez de vos vertus les esclatantes marques,
Et dont l'aspect suffit à conuaincre nos yeux
Que vous sortez du sang ou des Roys, ou des Dieux,
Puisque vous auez veu le sujet de ce crime
Que chaque mois expie vne telle victime,
Cependant qu'en ce lieu nous attendrons le Roy,
Soyez-y iuste iuge entre les Dieux & moy.
Iugez de mon forfait, iugez de leur colere,
Iugez s'ils ont eu droit d'en punir vne mere,
S'ils ont deu faire agir leur haine au mesme instant:

PERSEE.

I'en ay desia iugé, Reyne, en vous imitant,

Et si de vos mal-heurs la cause ne procede
Que d'auoir fait iustice aux beautez d'Andromede.
Si c'est là ce forfait digne d'vn tel couroux,
Ie veux estre à iamais coupable comme vous.
Mais cõme vn bruit confus m'apprend ce mal extréme,
Ne le puis-je, Madame, apprendre de vous-mesme,
Pour mieux renouueler ce crime glorieux
Où soudain la raison est complice des yeux.

CASSIOPE.

Escoutez. La douleur se soulage à se plaindre,
Et quelques maux qu'on souffre, ou que l'on aye à (craindre
Ce qu'vn cœur genereux en mõtre de pitié
Semble en nostre faueur en prendre la moitié.
Ce fut ce mesme iour qui conclud l'Hymenée
De ma chere Andromède auec l'heureux Phinée;
Nos peuples tous rauis de ces illustres nœuds
Sur les bords de la mer dresserent force jeux,
Elle en donnoit les prix; dispensez ma tristesse
De vous dépeindre icy leur publique allegresse,
On décrit mal la ioye au milieu des mal-heurs,
Et sa plus douce idée est vn sujet de pleurs.
O iour, que ta memoire encore m'est cruelle!
Andromède iamais ne me parut si belle,
Et voyant ses regards s'épandre sur les eaux
Pour joüir, & juger d'vn combat de vaisseaux,
Telle, *dis-je*, Venus sortit du sein de l'onde,
Et promit à ses yeux la conqueste du Monde,
Quand elle eut consulté sur leur éclat nouueau

Les

Les miroirs vagabonds de son flottant berceau:
A ce fameux spectacle ou vit les Nereïdes
Leuer leurs moites fronts de leurs palais liquides,
Et pour nouuelle pompe à ces nobles ébats
A l'enuy de la terre estaler leurs appas :
Elles virent ma fille, & leurs regards à peine
Rencontrerent les siens sur cette humide plaine,
Que par des traits plus forts se sentans effacer,
Esbloüis & confus ie les vis s'abaisser,
Examiner les leurs, & sur tous leurs visages
En chercher d'assez vifs pour brauer nos riuages,
Ie les vis se choisir iusqu'à cinq & six fois,
Et rougir aussi-tost nous comparant leur choix :
Et cette vanité qu'en toutes les familles
On voit si naturelle aux meres pour leurs filles
Leur cria par ma bouche, en est-il parmy vous,
O Nymphes, qui ne cede à des attraits si doux,
Et nierez vous encor, vous autres immortelles,
Qu'étre nous la Nature en forme de plus belles?
Ie m'emportois sans doute, & c'en estoit trop dit,
Ie les vis s'en cacher de honte & de dépit,
I'en vis dedans leurs yeux les viues estincelles,
L'onde qui les receut s'en irrita pour elles,
I'en vis enfler la vague, & la mer en couroux
Rouler à gros boüillons ses flots iusques à nous.
C'eust esté peu des flots, la soudaine tempeste
Qui trouble nostre ioye & dissipe la feste,
Enfante en moins d'vne heure & pousse sur nos bords

Vn monstre contre nous armé de mille morts.
Nous fuyons, mais en vain, il suit, il brise, il tuë,
Chaque victime est morte aussi-tost qu'abbatuë,
Nous ne voyons qu'horreur, que sang de toutes parts,
Son haleine est poison, & poison ses regards,
Il rompt, il force tout, & sa fureur qui vole
Nos villes & nos champs de iour en iour desole.
Aprés beaucoup d'efforts & de vœux superflus,
Ayant souffert beaucoup & craignant encor plus,
Nous courons à l'Oracle en de telles alarmes,
Et voicy ce qu'Ammon répondit à nos larmes.

Pour appaiser Neptune, exposez tous les mois
Au monstre qui le vange, vne fille à son choix
Iusqu'à ce que le calme à l'orage succede :
Le sort vous monstrera
Celle qu'il agréera ;
Differez cependant les nopces d'Androméde.

Cõme dans vn grand mal vn moindre semble doux,
Nous prenons pour faueur ce reste de couroux,
Le monstre disparu nous rend vn peu de ioye,
On ne le voit qu'aux iours qu'on luy liure sa proye;
Mais ce remede enfin n'est qu'vn amusement,
Si l'on souffre vn peu moins on craint également,
Et toutes nous tremblons deuant vne infortune,
Qui toutes nous menace auant qu'en frapper vne.
La peur s'en renouuelle au bout de chaque mois,
I'en ay creu de frayeur desia mourir cinq fois,
Desia nous auons veu cinq beautez deuorées,

Mais des beautez (Helas!) dignes d'estre adorées,
Et de qui tous les traits pleins d'vn celeste feu
Ne cedoient qu'à ma fille, & luy cedoient bien peu;
Comme si choisissant de plus belle en plus belle,
Le sort par ces degrez taschoit d'approcher d'elle,
Et que pour esleuer ses traits iusques à nous
Il essayast sa force & mesurast ses coups.
Rien n'a peu iusqu'icy toucher ce Dieu barbare,
Et le sixiéme choix auiourd'huy se prepare,
On le va faire au Temple, & ie sens malgré moy
Des mouuemens secrets redoubler mon effroy,
Ie fis hier à Venus offrir vn sacrifice
Qui iamais à mes vœux ne parut si propice,
Et toutefois mon cœur à force de trembler
Semble préuoir le coup qui le doit accabler.
Vous donc qui connoissez, & mon crime & sa peine,
Dites-moy s'il a pû meriter tant de haine,
Et si le Ciel deuoit tant de seuerité
Aux premiers mouuemens d'vn peu de vanité.

PERSEE.

Ouy, Madame, il est iuste & i'aduoüeray moy-mesme
Qu'en le blasmant tantost i'ay commis vn blaspheme,
Mais vous ne voyez pas dans vostre aueuglement
Quel grand crime il punit d'vn si grand chastiment.
Les Nymphes de la mer ne luy sont pas si cheres
Qu'il vueille s'abaisser à suiure leurs coleres,
Et quand vostre mespris en fit comparaison,
Il voyoit mieux que vous que vous auiez raison.

Il vange(& c'est de là que vostre mal procede)
L'iniustice renduë aux beautez d'Andromède :
Sur les loix d'vn mortel vostre choix l'asseruit !
Cette iniure est sensible aux Dieux qu'elle rauit,
Aux Dieux qu'elle captiue, & ces riuaux celestes
S'opposent à des nœuds à sa gloire funestes,
En sauuent les appas qui les ont éblouïs,
Punissent vos Sujets qui s'en sont réjouïs ;
Iuppiter resolu de l'oster à Phinée
Exprés par son Oracle en deffend l'Hymenée.
A sa flâme peut-estre il veut la reseruer ;
Ou s'il peut se resoudre enfin à s'en priuer,
A quelqu'vn de ses fils sans doute il la destine.
Et voilà de vos maux la secrette origine.
Faites cesser l'offence, & le mesme moment
Fera cesser icy son iuste chastiment.

CASSIOPE.

Vous montrez pour ma fille vne trop haute estime,
Quand pour la mieux flatter vous me faites vn crime,
Dont la ciuilité me force de iuger
Que vous ne m'accusez qu'afin de m'obliger.
Si quelquefois les Dieux pour des beautez mortelles
Quittent de leur sejour les clartez eternelles,
Ces mesmes Dieux aussi de leur grandeur ialoux
Ne font pas chaque iour ce miracle pour nous.
Et quand pour l'esperer ie serois assez folle,
Le Roy dont tout dépend est homme de parole,
Il a promis sa fille, & verra tout perir

Auant qu'à se dédire il veuille recourir.
Il tient cette alliance & glorieuse & chere,
Phinée est de son sang, il est fils de son frere.

PERSEE.

Reine, le sang des Dieux vaut bien celuy des Rois:
Mais nous en parlerons encor quelqu'autre fois,
Voicy le Roy qui vient.

SCENE II.

CEPHEE, CASSIOPE, PHINEE, PERSEE.
Suite du Roy & de la Reine.

CEPHEE.

N'En parlons plus, Phinée,
Et laissons d'Andromède aller la Destinée,
Vostre amour fait pour elle vn inutile effort,
Ie la dois comme vn autre au triste choix du sort.
Elle est cause du mal, puis qu'elle l'est du crime,
Peut-estre qu'il la veut pour derniere victime,
Et que nos chastimens deuiendront eternels
S'ils ne pouuoient tomber sur les vrais criminels.

PHINEE.

Est-ce vn crime en ces lieux, Seigneur, que d'estre belle

CEPHEE.

Elle a rendu par là sa mere criminelle.

PHINEE.

C'est donc vn crime icy que d'auoir de bons yeux
Qui sçachent bien iuger d'vn tel present des Cieux.

CEPHEE.

Qui veut en bien iuger n'a point le priuilege
D'aller iusqu'au blaspheme & iusqu'au sacrilege.

CASSIOPE.

Ce blaspheme, Seigneur, dequoy vous m'accusez...

CEPHEE.

Madame, aprés les maux que vous auez causez
C'est à vous à pleurer & non à vous defendre,
Voyez, voyez quel sang vous auez fait répandre,
Et ne laissez paroistre en cette occasion
Que larmes, que soûpirs, & que confusion.

à Phinée.

Ie vous le dis encor, elle la creut trop belle,
Et peut-estre le sort l'en veut punir en elle,
Dérober Andromède à cette eslection
C'est dérober sa mere à sa punition.

PHINEE.

Desia cinq fois, Seigneur, à ce choix exposée.
Vous voyez que cinq fois le Sort l'a refusée.

CEPHEE.

Si le couroux du Ciel n'en veut point à ses iours,
Ce qu'il a fait cinq fois, il le fera tousiours.

PHINEE.

Le tenter si souuent c'est lasser sa clemence,
Il pourra vous punir de trop de confiance,

Vouloir tousiours faueur c'est trop luy demander,
Et c'est vn crime à vous que de tant hazarder.
Mais quoy, Seigneur, enfin pour cette fille vnique
Point de pitié n'agit, point d'amour ne s'explique.

CEPHEE.

Ah ne m'arrachez point mon sentiment secret!
Phinée, il est tout vray, ie l'expose à regret,
I'ayme que vostre amour en sa faueur me presse,
La Nature en mon cœur auec luy s'interesse,
Mais elle ne sçauroit mettre d'accord en moy
Les tendresses d'vn pere & les deuoirs d'vn Roy,
Et par vne iustice à moy-mesme seuere
Ie vous refuse en Roy ce que ie veux en pere.

PHINEE.

Quelle est cette iustice, & quelles sont ces loix
Dont l'aueugle rigeur s'estend iusques aux Rois.

CEPHEE.

Celles que font les Dieux, qui tous Rois que nous sommes
Punissent nos forfaits ainsi que ceux des hommes,
Et qui ne nous font part de leur sacré pouuoir
Que pour le mesurer aux regles du deuoir.
Que diroient mes Sujets, si ie me faisois grace,
Et si durant qu'au monstre on expose leur race,
Ils voyoient par vn droit tyrannique & honteux
Le crime en ma maison & la peine sur eux.

PHINEE.

Heureux sont les Sujets, heureuses les Prouinces,
Dont le sang peut payer pour celuy de leurs Princes.

CEPHEE.

Mais heureux est le Prince, heureux sont ses projets
Quand il se fait iustice ainsi qu'à ses Sujets
Nostre Oracle aprés tout n'excepte point ma fille,
Ses termes generaux comprennent ma famille,
Et ne confondre pas ce qu'il a confondu
C'est se mettre au dessus du Dieu qui l'a rendu.

PERSEE.

Seigneur, s'il m'est permis d'entendre vostre Oracle,
Ie croy qu'à sa priere il donne peu d'obstacle;
Il parle d'Andromède, il la nomme, il suffit,
Arrestez vous pour elle à ce qu'il vous en dit;
La separer long-temps d'vn amant si fidelle,
C'est tout le chastiment qu'il semble vouloir d'elle,
Differez son Hymen sans l'exposer au choix,
Le Ciel assez souuent doux aux crimes des Roys,
Quand il leur a monstré quelque legere haine,
Répand sur leurs Sujets le reste de leur peine.

CEPHEE.

Vous prenez mal l'Oracle, & pour l'expliquer mieux
Sçachez... mais quel éclat vient de fraper mes yeux?
D'où partent ces longs traits de nouuelles lumieres?

PERSEE.

Du Ciel qui vient d'ouurir ses luisantes barrieres,
D'où quelque Deïté vient ce semble icy bas
Terminer elle-mesme entre vous ces debats.

CASSIOPE.

Ah, ie la recognoy, la Deesse d'Erice,

C'est

C'est elle, c'est Venus à mes vœux si propice,
Ie voy dans ses regards mon bon-heur renaissant.
Peuple, faites des vœux tandis qu'elle descend.

Le Ciel s'ouure durant cette contestation du Roy auec Phinée, & fait voir dans vn profond esloignement l'estoille de Venus qui sert de machine pour apporter cette Deesse iusqu'au milieu du Theatre : Elle s'auance lentement sans que l'œil puisse découurir à quoy elle est suspenduë, & cependant le peuple a loisir de luy addresser ses vœux par cét Hymne que chantent les Musiciens.

SCENE III.

VENVS, CEPHEE, CASSIOPE, PERSEE, PHINEE.

Chœur de Musique, Suitte du Roy & de la Reine

CHOEVR de Musique, cependant que Venus s'auance.

Reine de Paphe & d'Amathonte,
Mere d'Amour & fille de la mer,
Peux-tu voir sans vn peu de honte
Que contre nous elle ait voulu s'armer,

Et que du mesme sein qui fut ton origine
Sorte nostre ruine.

Peux-tu voir que de la mesme onde
Il ose naistre vn tel monstre aprés toy,
Que d'où vint tant de bien au monde
Il vienne enfin tant de mal & d'effroy,
Et que l'heureux berceau de ta beauté supresme
Enfante l'horreur mesme.

Vange l'honneur de ta naissance
Qu'on a soüillé par vn tel attentat,
Rends-luy sa premiere innocence,
Et tu rendras le calme à cét Estat,
Et nous dirons que d'où le mal procede,
Part aussi le remede.

CASSIOPE.

Peuple, elle veut parler, silence à la Deesse,
Silence, & preparez vos cœurs à l'allegresse,
Elle a receu nos vœux & les daigne exaucer,
Escoutez-en l'effet qu'elle va prononcer.

VENVS au milieu de l'air.

Ne tremblez plus, mortels, ne tremble plus ô mere,
On va jetter le Sort pour la derniere fois,
Et le Ciel ne veut plus qu'vn choix
Pour appaiser de tout point sa colere :
Andromede ce soir aura l'illustre espoux
Qui seul est digne d'elle & dont seule elle est digne,

Preparez son Hymen, ou pour faueur insigne
Les Dieux ont resolu de se ioindre auec vous.

PHINEE à Cephée.

Souffrez que sans tarder ie porte à ma Princesse,
Seigneur, l'heureux Arrest qu'a donné la Deesse.

CEPHEE.

Allez, l'impatience est trop iuste aux amants.

CASSIOPE voyant remonter Venus.

Suiuons la dans le Ciel par nos remerciments,
Et d'vne voix commune adorant sa puissance
Monstrons à ses faueurs nostre recognoissance.

CHOEVR de Musique cependant que Venus remonte.

Ainsi tousiours sur tes Autels
Tous les mortels
Offrent leurs cœurs en sacrifice,
Ainsi le Zephire en tout temps
Sur tes palais de Cythere & d'Eryce
Face regner les Graces du Printemps.

Daigne affermir l'heureuse paix
Qu'à nos souhaits
Vient de promettre ton Oracle;
Et fay pour ces ieunes amants,
Pour qui tu viens de faire ce miracle,
Vn siecle entier de doux rauissements.

Dans nos campagnes & nos bois
Toutes nos voix
Beniront tes douces atteintes :
Et dans les rochers d'alentour
La mesme Echo qui redisoit nos plaintes,
Ne redira que des soûpirs d'amour.

CEPHEE.

C'est assez, la Deesse est desia disparuë,
Ses dernieres clartez se perdent dans la nuë ;
Allons jetter le Sort pour la derniere fois :
Malheureux le dernier que foudroyera son choix,
Et dont en ce grand iour la perte domestique
Soüillera de ses pleurs l'allegresse publique.
Madame, cependant songez à preparer
Cét Hymen que les Dieux veulent tant honorer,
Rendez-en l'appareil digne de ma puissance,
Et digne, s'il se peut, d'vne telle presence.

CASSIOPE.

I'obeys auec joye, & c'est me commander
Ce qu'auec passion i'allois vous demander.

SCENE IV.

CASSIOPE, PERSEE, Suitte de la Reyne.

CASSIOPE.

Et bien, vous le voyez, ce n'estoit pas vn crime,
Et les Dieux ont trouué cét Hymen legitime,
Puisque leur ordre exprés nous le fait acheuer,
Et que par leur presence ils doiuent l'approuuer.
Mais quoy ? vous soûpirez ?

PERSEE.

I'en ay bien lieu, Madame,

CASSIOPE.

Le sujet ?

PERSEE.

Vostre ioye.

CASSIOPE.

Elle vous gesne l'ame.

PERSEE.

Aprés ce que i'ay dit douter d'vn si beau feu,
Reine, c'est ou m'entendre, ou me croire bien peu ;
Mais ne me forcez pas du moins à vous le dire,
Quand mon ame en fremit, & mon cœur en soûpire.
Pouuois-je auoir des yeux, & ne pas l'adorer ?
Et pourrois-je la perdre & n'en pas soûpirer ?

CASSIOPE.

Quel espoir formiez vous puis qu'elle estoit promise,
Et qu'en vain son bon-heur domptoit vostre franchise.

PERSEE.

Vouloir que la raison regne sur vn amant,
C'est estre plus que luy dedans l'aueuglement.
Vn cœur digne d'aymer court à l'obiet aymable,
Sans penser au succez dont sa flâme est capable,
Il s'abandonne entier, & n'examine rien,
Aymer est tout son but, aymer est tout son bien,
Il n'est difficulté ny peril qui l'estonne.
Ce qui n'est point à moy n'est encor à persõne,
Disois-je, & ce riual qui possede sa foy,
S'il espere vn peu plꝰ, n'obtiẽt pas plus que moy.
Voilà durant vos maux dequoy viuoit ma flâme,
Et les douces erreurs dont ie flattois mon ame;
Pour nourrir des desirs d'vn beau feu trop contents
C'estoit assez d'espoir que d'esperer au temps,
Luy qui fait chaque iour tant de metamorphoses,
Pouuoit en ma faueur faire d'estranges choses:
Mais enfin la Deesse a prononcé ma mort,
Et ie suis ce dernier sur qui tombe le Sort,
I'estois indigne d'elle & de son Hymenée,
Et toutefois, helas! ie valois bien Phinée.

CASSIOPE.

Vous plaindre en cét estat, c'est tout ce que ie puis.

PERSEE.

Vous vous plaindrez peut-estre apprenant qui ie suis.

Vous vous ne vous trompiez point touchant mon origine
Lors que vous la iugiez ou Royale, ou Diuine ;
Mon pere est... Mais pourquoy contre vous l'animer ?
Puis qu'il nous faut mourir, mourons sans le nommer,
Il vangeroit ma mort si i'auois fait cognoistre
De quel illustre sang i'ay la gloire de naistre,
Et vostre grand bon-heur seroit mal asseuré
Si vous m'auiez cognu sans m'auoir preferé.
C'est trop perdre de temps, courons à vostre ioye,
Courons à ce bon-heur que le Ciel vous enuoye,
I'en veux estre témoin, afin que mon tourment
Puisse par ce poison finir plus promptement.

CASSIOPE.

Le temps vous fera voir pour souuerain remede
Le peu que vous perdez en perdant Andromede,
Et les Dieux, dont pour nous vous voyez la bonté,
Vous rendront bien-tost plus qu'ils ne vous ont osté.

PERSEE.

Ny le temps ny les Dieux ne feront ce miracle,
Mais allons, à vostre heur ie ne mets point d'obstacle.
Reyne, c'est l'affoiblir que de le retarder,
Et les Dieux ont parlé, c'est à moy de ceder.

DECORATION DV SECOND ACTE.

CEtte Place publique dont la Reine & Persée viennent de sortir, s'euanoüit en vn instant, pour faire place à vn Iardin delicieux, & ces grands Palais sont changez en autant de Vases de marbre blanc qui portent alternatiuement, les vns des statuës d'où sortent autant de jets d'eau, les autres des myrthes, des jasmins, & d'autres arbres de cette nature. De chaque costé se détache vn rang d'Orangers dans de pareils Vases, qui viennent former vn admirable berceau iusqu'au milieu du Theatre, & le separant ainsi en trois allées, que l'artifice ingenieux de la Perspectiue fait paroistre longues de mille pas. C'est là qu'on voit Andromede auec ses Nymphes qui cueillent des fleurs, & en composent vne guirlande dont cette Princesse veut couronner Phinée, pour le recompenser par cette galanterie de la bonne nouuelle qu'il luy vient d'apporter.

ACTE II.

SCENE PREMIERE.

ANDROMEDE, Chœur de Nymphes.

ANDROMEDE.

Nymphes, nostre guirlande est encor mal ornée,
Et deuant qu'il soit peu nous reuerrons Phinée,
Que de ma propre main i'en voulois couronner
Pour les heureux aduis qu'il vient de me donner.
Toutefois la faueur ne seroit pas bien grande,
Et mon cœur aprés tout vaut bien vne guirlande :
Dans l'estat où le Ciel nous a mis auiourd'huy,
C'est l'vnique present qui soit digne de luy.
Quittez, Nymphes, quittez ces peines inutiles,
L'augure déplairoit de tant de fleurs steriles,
Il faut à nostre Hymen des presages plus doux.
Dites-moy cependant laquelle d'entre vous....
Mais il faut me le dire, & sans faire les fines.

AGLANTE.

Quoy, madame.

ANDROMEDE.

A tes yeux ie voy que tu deuines ;
Dy-moy donc, d'entre vous laquelle a retenu
En ces lieux iusqu'icy cét illustre Inconnu.

Car enfin ce n'est point sans vn peu de mistere
Qu'vn tel Heros s'attache à la Cour de mon pere,
Quelque chaisne l'arreste, & le force à tarder.
Qu'on ne perde point temps à s'entreregarder,
Parlez, & d'vn seul mot éclaircissez mes doutes.
Aucune ne répond, & vous rougissez toutes!
Quoy, toutes l'aimez-vous? vn si parfait amant
Vous a-t'il sçeu charmer toutes également?
Il n'en faut point rougir, il est digne qu'on l'aime,
Si ie n'aimois ailleurs, peut-estre que moy-mesme,
Ouy, peut-estre à le voir si bien fait, si bien né,
Il auroit eu mon cœur s'il n'eust esté donné:
Mais i'aime trop Phinée, & le change est vn crime.

AGLANTE.

Ce Heros vaut beaucoup puis qu'il a vostre estime,
Mais il sçait ce qu'il vaut, & n'a iusqu'à ce iour
A pas vne de nous daigné monstrer d'amour.

ANDROMEDE.

Que dis-tu?

AGLANTE.

Pas fait mesme vn offre de seruice.

ANDROMEDE.

Ah! c'est dequoy rougir toutes auec iustice,
Et la honte à vos fronts doit bien cette couleur
Si tant de si beaux yeux ont pû manquer son cœur.

CEPHALIE.

Où les vostres, Madame, espandent leur lumiere,
Le moyen qu'on nous voye ou qu'on nous considere?
Les plus viues clartez s'esteignent auprés d'eux,

Comme auprés du Soleil meurent les autres feux,
Et depuis qu'vn amant à vous voir se hazarde,
Il ne voit plus qu'vne ombre alors qu'il nous regarde,
Tant il est ébloüy des charmes tout puissants
Qui luy penetrent l'ame & dérobent les sens,
Il n'a plus d'yeux pour nous, & par tout où vous estes
Il nous est deffendu de faire des conquestes.

ANDROMEDE.

Vous estes vne adroite, acheuez, acheuez,
C'est peut-estre en effet vous qui le captiuez,
Car il aime, & i'en voy la preuue trop certaine:
Chaque fois qu'il me parle il semble estre à la gesne,
Son visage & sa voix changent à tous propos,
Il hesite, il s'égare au bout de quatre mots,
Ses discours vont sans ordre, & plus ie les escoute,
Plus j'entends des soûpirs dont j'ignore la route.
Où vont-ils, Cephalie, où vont-ils? répondez?

CEPHALIE.

C'est à vous d'en iuger, vous qui les entendez.

VN PAGE de Phinée chantant sans estre veu.

Qu'elle est lente cette iournée.

ANDROMEDE.

Taisons-nous, cette voix me parle pour Phinée,
Sans doute il n'est pas loin, & veut à son retour
Que des accents si doux m'expliquent son amour.

PAGE chantant sans estre veu.

Quelle est lente, cette iournée
Dont la fin me doit rendre heureux!

Chaque moment à mon cœnr amoureux
Semble durer plus d'vne année :
O Ciel ! quel est l'heur d'vn amant,
Si quand il en a l'asseurace,
Sa iuste impatience
Est vn nouueau tourment.

Ie dois posseder Andromede :
Iuge, Soleil, quel est mon bien,
Vis-tu iamais amour égal au mien ?
Vois-tu beauté qui ne luy cede ?
Puis donc que la longueur du iour
De mon nouueau mal est la source,
Précipite ta course,
Et tarde ton retour.

Tu luis encor, & ta lumiere
Semble se plaire à m'affliger :
Ah ! mon amour te va bien obliger
A quitter soudain ta carriere :
Vien, Soleil, vien voir la beauté
Dont le diuin esclat me dompte,
Et tu fuiras de honte
D'auoir moins de clarté.

SCENE II.

PHINEE, ANDROMEDE.
Chœur de Nymphes, Suite de Phinée.

PHINEE.

CE n'est pas mon dessein, Madame, de surprēdre,
Puis qu'auāt que d'etrer ie me suis fait entēdre.

ANDROMEDE.

Vos vœux pour les cacher n'estoient pas criminels,
Puis qu'ils suiuent des Dieux les ordres eternels.

PHINEE.

Que me direz vous donc de leur galanterie?

ANDROMEDE.

Que ie vay vous payer de vostre flatterie.

PHINEE.

Comment?

ANDROMEDE.

En vous donnant de semblables témoins
Si vous aymez beaucoup que ie n'aime pas moins.
Approchez, Liriope, & rendez luy son change,
C'est vous c'est vostre voix que ie veux qui me vange.
De grace écoutez-là, nous auons écouté,
Et demandons silence aprés l'auoir presté.

LIRIOPE chante.

Phinée est plus aimé qu'Andromede n'est belle,
Bien qu'icy bas tout cede à ses attraits,

Comme il n'est point de si doux traits ;
Il n'est point de cœur si fidelle ;
De mille appas son visage est semé
La rend toute merueille,
Mais quoy quelle soit sans pareille
Phinée est encor plus aimé.

Bien que le iuste Ciel face voir que sans crime
On la prefere aux Nymphes de la mer,
Ce n'est que de sçauoir aimer
Qu'elle-mesme veut qu'on l'estime :
Chacun d'amour pour elle consumé,
D'vn cœur luy fait vn Temple,
Mais quoy qu'elle soit sans exemple,
Phinée est encor plus aimé.

Enfin si ses beaux yeux passent pour vn miracle,
C'est vn miracle aussi que son amour,
Pour qui Venus en ce beau iour
A prononcé ce digne Oracle :
Le Ciel luy-mesme en la voyant charmé
La iuge incomparable,
Mais quoy qu'il l'ait fait adorable,
Phinée est encor plus aimé.

Cét air chanté, le Page de Phinée & cette Nymphe font vn Dialogue en Musique, dont chaque couplet a pour refrain l'Oracle que

Venus a prononcé au premier Acte en faueur de ces deux Amants, chanté par les deux voix vnies, & repeté par le Chœur entier de la Musique.

PAGE.

Heureux Amant !

LIRIOPE.

Heureuse Amante !

PAGE.

Ils n'ont qu'vne ame.

LIRIOPE.

Ils n'ont tous deux qu'vn cœur.

PAGE.

Ioignons nos voix pour chanter leur bon-heur.

LIRIOPE.

Ioignons nos voix pour benir leur attente.

Tous deux ensemble.

Andromede ce soir aura l'illustre espoux
Qui seul est digne d'elle & dont seule elle est digne.
Préparons son Hymen, ou par faueur insigne
Les Dieux ont resolu de se joindre auec nous.

Le Chœur de la Musique.

Préparons son Hymen, où pour faueur insigne
Les Dieux ont resolu de se joindre auec nous.

PAGE

Le Ciel le veut.

LIRIOPE.

Venus l'ordonne.

PAGE.

L'Amour les joint.

LIRIOPE.

L'Hymen va les vnir.

PAGE.

Douce vnion que chacun doit benir.

LIRIOPE.

Heureuse amour qu'vn tel succez couronne !

Tous deux ensemble.

Andromede ce soir aura l'illustre espoux
Qui seul est digne d'elle & dont seule elle est digne,
Préparons son Hymen, où pour faueur insigne
Les Dieux ont resolu de se joindre auec nous.

CHOEVR de Musique.

Préparons son Hymen, où pour faueur insigne
Les Dieux ont resolu de se joindre auec nous.

ANDROMEDE.

Il n'en faut point mentir, leur accord m'a surprise.

PHINEE.

Madame, c'est ainsi que tout me fauorise,
Et que tous vos Sujets soûpirent en ces lieux
Apres l'heureux effet de cét Arrest des Dieux,
Que leurs souhaits vnis....

SCENE

SCENE III.

PHINEE, ANDROMEDE, TIMANTE, Chœur de Nymphes, Suite de Phinée.

TIMANTE.

Ah, Seigneur! ah, Madame!

PHINEE.

Que nous veux-tu, Timante, & qui trouble ton ame?

TIMANTE.

Le pire des malheurs.

PHINEE.

Le Roy seroit-il mort?

TIMANTE.

Non, Seigneur, mais enfin le triste choix du Sort
Vient de tomber... Helas! pourray-je vous le dire?

ANDROMEDE.

Est-ce sur quelque objet pour qui ton cœur soûpire?

TIMANTE.

Soûpirer à vos yeux du pire de ses coups,
N'est-ce pas dire assez qu'il est tombé sur vous?

PHINEE.

Qui te fait nous donner de si vaines alarmes?

TIMANTE.

Si vous n'en croyez pas mes soûpirs & mes larmes,

Vous en croirez le Roy qui bien-tost à vos yeux
La va liurer luy-mesme au Ministre des Dieux.

PHINEE.

C'est nous faire, Timante, vn conte ridicule,
Et ie tiendrois le Roy bien simple & bien credule,
Si plus qu'vne Deesse il en croyoit le Sort.

TIMANTE.

Le Roy non plus que vous ne l'a pas creu d'abord,
Il a fait par trois fois essayer sa malice,
Et l'a veu par trois fois faire mesme iniustice,
Du vase par trois fois ce beau nom est sorty.

PHINEE.

Et toutes les trois fois le Sort en a menty.
Le Ciel a fait pour vous vne autre Destinée,
Son ordre est immuable, il veut nostre Hymenée,
Il le veut, il y met le bon-heur de ces lieux,
Et ce n'est pas au Sort à démentir les Dieux.

ANDROMEDE.

Assez souuent le Ciel par quelque fausse joye
Se plaist à préuenir les maux qu'il nous enuoye,
Du moins il m'a rendu quelques moments bien doux
Par ce flatteur espoir que j'allois estre à vous,
Mais puisque ce n'estoit qu'vne trompeuse attente,
Gardez mon souuenir, & ie mourray contente.

PHINEE.

Et vous mourrez contente! & i'ay pû meriter
Qu'auec contentement vous puissiez me quitter;
Détacher sans regret vostre ame de la mienne,

Vouloir que ie le voye, & que ie m'en souuienne !
Et mon fidelle amour qui receut vostre foy
Vous trouue indifferente entre la mort & moy !
Ouy, ie m'en souuiendray vous le voulez, Madame,
I'accepte le supplice où vous liurez mon ame,
Mais quelque peu d'amour que vous me faciez voir
Le mien n'oubliera pas les loix de son deuoir.
Ie dois malgré le Sort, ie dois malgré vous-mesme,
Si vous aimez si mal, vous monstrer comme on aime,
Et faire reconnoistre aux yeux qui m'ont charmé
Que i'estois digne au moins d'estre vn peu mieux aimé,
Vous l'aduoüerez bien-tost, & j'auray cette gloire
Qui dans tout l'auenir suiura nostre memoire,
Que pour se voir quitter auec contentement,
Vn amant tel que moy n'en est pas moins amant.

ANDROMEDE.

C'est dõc trop peu pour moy que des malheurs si proches
Si vous ne les croissez par d'iniustes reproches !
Vous quitter sans regret ! les Dieux me sont témoins
Que i'en monstrerois plus si ie vous aimois moins.
C'est pour vous trop aimer que ie parois tout autre,
I'étouffe ma douleur pour n'aigrir pas la vostre,
Ie retiens mes soûpirs de peur de vous fâcher,
Et me monstre insensible afin de moins toucher.
Helas ! si vous sçauez faire voir comme on aime,
Du moins vous voyez mal quand l'amour est extréme.
Ouy, Phinée, & ie doute en courant à la mort,
Lequel m'est plus cruel, ou de vous, ou du Sort.

PHINEE.

Helas! qu'il estoit grand quād ie l'ay creu s'esteindre,
Vostre amour, & qu'à tort ma flāme osoit s'en plaindre!
Princesse, vous pouuiez me quitter sans regret,
Vous ne perdez en moy qu'vn amant indiscret,
Qu'vn amant temeraire, & qui mesme a l'audace
D'accuser vostre amour qand vous luy faites grace;
Mais pour moy dont la perte est sans comparaison,
Qui perds en vous perdant & lumiere & raison,
Ie n'ay que ma douleur qui m'aueugle & me guide,
Qui sur toute mon ame elle seule préside,
Elle y regne, & ie cede entier à son transport,
Mais ie ne cede pas aux caprices du Sort:
Que le Roy par scrupule à sa rigueur défere,
Qu'vne indigne équité le face iniuste pere,
La Reine & mon amour sçauront bien empescher
Qu'vn choix si criminel ne couste vn sang si cher.
I'ose tout, ie puis tout aprés vn tel Oracle.

TIMANTE.

La Reine est hors d'estat d'y joindre aucun obstacle,
Surprise comme vous d'vn tel éuenement,
Elle en a de douleur perdu tout sentiment,
Et sans doute le Roy liurera la Princesse
Auant qu'on l'ait pû voir sortir de sa foiblesse.

PHINEE.

Et bien, mon amour seul sçaura iusqu'au trépas,
Malgré tous... ANDROMEDE.
Le Roy vient, ne vous emportez pas.

SCENE IV.

CEPHEE, PHINEE, ANDROMEDE, PERSEE, TIMANTE, Chœur de Nymphes, Suite du Roy & de Phinée.

CEPHEE.

Ma fille, si tu sçais les nouuelles funestes
De ce dernier effort des coleres celestes,
Si tu sçais de ton Sort l'impitoyable cours
Qui fait le plus cruel du plus beau de nos iours,
Espargne ma douleur, iuges-en par sa cause,
Et va sans me forcer à te dire autre chose.

ANDROMEDE.

Seigneur, ie vous l'aduouë il est bien douloureux
De tout perdre au momẽt qu'on se doit croire heureux,
Et le coup qui surprend vn espoir legitime,
Porte plus d'vne mort au cœur de la victime;
Mais enfin il est iuste, & ie le dois benir,
La cause des malheurs les doit faire finir,
Le Ciel qui se repent si-tost de ses carresses
Verra plus de constance en moy qu'en ses promesses;
Heureuse, si mes iours vn peu precipitez
Satisfont à ces Dieux pour moy seule irritez,
Si ie suis la derniere à leur couroux offerte,
Si le salut public peut naistre de ma perte,

Malheureuse pourtant, qu'vn si precieux bien
Vous a desia cousté d'autre sang que le mien,
Et que ie ne suis pas la premiere & l'vnique
Qui rende à vostre estat la seureté publique.

PHINEE.

Quoy ! vous vous obstinez encore à me trahir ?

ANDROMEDE.

Ie vous plains, ie me plains, mais ie dois obeyr.

PHINEE.

Honteuse obeïssance à qui vostre amour cede.

CEPHEE.

Obeïssance illustre, & digne d'Andromede,
Son nom comblé par là d'vn immortel honneur....

PHINEE.

Ie l'empescheray bien, ce funeste bon-heur,
Andromede est à moy, vous me l'auez donnée,
Le Ciel pour nostre Hymen a pris cette iournée,
Venus l'a commandé, qui me la peut oster ?
Le Sort auprés des Dieux se doit-il écouter ?
Ah ! si i'en vois icy les infames Ministres
S'aprester aux effets de ses ordres sinistres....

CEPHEE.

Apprenez que le Sort n'agit que sous les Dieux,
Et souffrez comme moy le bon heur de ces lieux.
Vostre perte n'est rien au prix de ma misere,
Si vous estes amant, Phinée, ie suis pere,
Il est d'autres obiets dignes de vostre foy,
Mais il n'est point ailleurs d'autre fille pour moy.

Songez donc mieux qu'vn pere a ces affreux rauages
Que par tout de ce Monstre espandirent les rages,
Et n'en rappelez pas l'espouuentable horreur,
Pour trop croire & trop suiure vne aueugle fureur.

PHINEE.

Que de nouueau ce Monstre entré dessus vos terres
Face à tous vos Sujets d'impitoyables guerres,
Le sang de tout vn peuple est trop bien employé,
Quand celuy de ses Roys en peut estre payé,
Et ie ne connoy point d'autre perte publique
Que celle où vous condamne vn Sort si tyrannique.

CEPHEE.

Craignez ces mesmes Dieux qui président au Sort:

PHINEE.

Qu'entr'eux mesmes ces Dieux se mõtrent dõc d'acord.
Quelle crainte aprés tout me pourroit y resoudre?
S'ils m'ostent Andromede, ont-ils quelqu'autre foudre
Il n'est plus de respect qui puisse rien sur moy,
Andromede est mon Sort, & mes Dieux & mon Roy.
Punissez vn impie, & perdez vn rebelle,
Satisfaites le Sort en m'exposant pour elle,
I'y cours, mais autrement, ie iure ses beaux yeux,
Et mes vniques Roys, & mes vniques Dieux...

Icy le tonnerre commence à rouler auec vn si grand bruit, & accompagné d'éclairs redoublez auec tant de prõptitude, que cette feinte donne de l'épouuante, aussi bien que de l'admiration, tant elle approche du naturel. On voit cependant descendre Æole auec huit vents, dont quatre sont à ses deux costez, en sorte toutefois que les deux plus proches sont portez sur le mesme nuage que luy, & les deux plus éloignez sont comme volants en l'air tout contre ce mesme nuage. Les quatre autres paroissent deux à deux au milieu de l'air sur les aisles du Theatre, deux à la main gauche, & deux à la droite. Ce qui n'empesche pas Phinée de continuer ses blasphemes.

SCENE V.

ÆOLE, huit VENTS, CEPHEE, PERSEE, PHINEE, ANDROMEDE, Chœur de Nymphes, Suite du Roy & de Phinée.

CEPHEE.

ARrestez, ce nuage enferme vne tempeste
Qui peut-estre desia menace vostre teste,
N'irritez plus les Dieux desia trop irritez.

PHINEE.

Qu'il creue, ce nuage, & que ces Deitez....

CEPHEE.

Ne les irritez plus, vous dis-je, & prenez garde...

PHI-

PHINEE.

A les trop irriter, qu'est-ce que ie hazarde ?
Que peut craindre vn amant quãd il voit tout perdu ?
Tombe, tombe sur moy leur foudre s'il m'est deu :
Mais s'il est quelque main assez lasche & traistresse
Pour suiure leur caprice & saisir ma Princesse,
Seigneur, encore vn coup, ie iure ses beaux yeux,
Et mes vniques Rois, & mes vniques Dieux...

ÆOLE au milieu de l'air.

Temeraire mortel, n'en dy pas dauantage,
Tu n'obliges que trop les Dieux à te haïr,
Quoy que pense attenter l'orgueil de ton courage,
Ils ont trop de moyens de se faire obeïr.
Cognoy-moy pour ton infortune,
Ie suis Æole Roy des Vents :
Partez mes orageux suiuants,
Faites ce qu'ordonne Neptune.

Ce commandement d'Æole produit aussitost vn spectacle estrange & merueilleux tout ensemble : Les deux Vents qui estoient à ses costez suspendus en l'air, s'enuolent, l'vn a gauche, & l'autre à droite, deux autres remontent auec luy dans le Ciel sur le mesme nuage qui les vient d'apporter : deux autres qui estoient à sa main gauche sur les aisles du Theatre, s'auancent au milieu de l'air, où ayant fait vn tour ainsi que deux tourbillons, ils passent au costé droit du Theatre, d'où les deux derniers fondent sur Andromede, & l'ayant saisie chacun par vn bras, l'enleuent de l'autre costé iusques dans les nuës.

ANDROMEDE enleuée par les Vents.

O Ciel !

CEPHEE.

Ils l'ont saisie, & l'enleuent en l'air !

PHINEE courant aprés elle & taschant de la retenir.

Ah ! ne présumez pas ainsi me la voler,
Ie vous suiuray par tout malgré vostre surprise.

SCENE VI.

CEPHEE, PERSEE.

Suite du Roy.

CEPHEE.

SEigneur, vn tel peril ne veut point de remise,
Mais esperez encor, ie vole à son secours,
Et vay forcer le Sort à prendre vn autre cours.

CEPHEE.

Vingt amants pour Nerée en firent l'entreprise,
Mais il n'est point d'effort que ce Monstre ne brise :
Tous voulurent sauuer ses attraits adorez,
Tous furent auec elle à l'instant deuorez.

PERSEE.

Le Ciel ayme Andromede, il veut ſon Hymenée,
Seigneur & ſi les Vents l'arrachent à Phinée,
Ce n'eſt que pour la rendre à quelque illuſtre eſpoux
Qui ſoit plus digne d'elle & plus digne de vous,
A quelqu'autre par là les Dieux l'ont reſeruée.
Vous ſçaurez qui ie ſuis, quand ie l'auray ſauuée,
Adieu, par des chemins aux hommes inconnus
Ie vay mettre en effet l'Oracle de Venus,
Le temps nous eſt trop cher pour le perdre en paroles.

CEPHEE.

Moy qui ne puis former d'eſperances friuoles,
Pour ne voir point courir ce grand cœur au trépas,
Ie vay faire des vœux qu'on n'écoutera pas.

DECORATION DV TROISIEME ACTE.

VOicy vne eſtrange metamorphoſe, ſans doute qu'auant que de ſortir de ce jardin, Perſée a découuert cette monſtrueuſe teſte de Meduſe qu'il porte par tout ſous ſon bouclier: Les Myrthes & les Iaſmins qui le composoient, ſont deuenus des rochers affreux, dont les maſſes inégalement eſcarpées & boſſuës ſuiuent ſi parfaitement le caprice de la Nature, qu'il ſemble qu'elle ait plus contribué que l'Art à les placer ainſi des deux coſtez du Theatre. C'eſt enquoy l'artifice de l'ouuriér eſt merueilleux, & ſe fait voir d'autant plus, qu'il prend ſoin de ſe cacher. Les vagues s'emparent de toute la Scene, à la reſerue de cinq ou ſix pieds qu'elles laiſſent pour leur ſeruir de riuage. Elles ſont dans vne agitation continuelle, & compoſent comme vn Golfe enfermé entre ces deux rangs de falaiſes. On en voit l'emboucheure ſe dégorger dans la pleine mer, qui paroiſt ſi vaſte & d'vne ſi grande eſtenduë, qu'on jureroit que les vaiſſeaux qui flottent prés de l'Otiſon, dont la veuë eſt bornée, ſont éloignez de plus de ſix lieuës de ceux qui les conſiderent. Il n'y a perſonne qui ne iuge, que cét horrible ſpectacle eſt le funeſte appareil de l'iniuſtice des Dieux, & du ſupplice d'Andromede : Auſſi la voit-on au haut des nuëes, d'où ces deux Vents qui l'ont enleuée, l'apportent auec impetuoſité, & l'attachent au pied d'vn de ces rochers.

ACTE III.

SCENE PREMIERE.

ANDROMEDE au pied d'vn Rocher, Deux VENTS qui l'y attachent, TIMANTE, CHOEVR de peuple sur le riuage.

TIMANTE.

ALLONS voir, chers amis, ce qu'elle est deuenuë,
La Princesse, & mourir, s'il se peut à sa veuë.

CHOEVR de peuple.

La voilà que ces Vents acheuent d'attacher
En infames boureaux à ce fatal Rocher.

TIMANTE.

Ouy, c'est elle sans doute. Ah, l'indigne spectacle!

CHOEVR de peuple.

Si le Ciel n'est iniuste, il luy doit vn miracle.

Les Vents s'enuolent.

TIMANTE.

Il en fera voir vn, s'il en croit nos desirs.

ANDROMEDE.

O Dieux!

TIMANTE.

Auec respect écoutons ses soûpirs,

Et puissent les accents de ses premieres plaintes
Porter dans tous nos cœurs de mortelles atteintes.

ANDROMEDE.

Affreuse image du trespas,
Qu'vn triste honneur m'auoit fardée,
Surprenantes horreurs, espouuentable idée,
Qui tantost ne m'ébranliez pas;
Que l'on vous conçoit mal, quand on vous enuisage
Auec vn peu d'esloignement!
Qu'on vous m'éprise alors, qu'on vous braue aisément!
Mais que la grandeur de courage
Deuient d'vn difficile vsage
Lors qu'on touche au dernier moment!

Icy seule, & de toutes parts
A mon Destin abandonnée,
Icy que ie n'ay plus ny parents, ny Phinée,
Sur qui destourner mes regards,
L'attente de la mort de tout mon cœur s'empare,
Il n'a qu'elle à considerer,
Et quoy que de ce Monstre il s'ose figurer,
Ma constance qui s'y prepare,
Le trouue d'autant plus barbare,
Qu'il differe à me deuorer.

Estrange effet de mes malheurs!
Mon ame traisnante, abbatuë,
N'a qu'vn moment à viure, & ce moment me tuë

A force de viues douleurs :
Ma frayeur a pour moy mille mortelles feintes ;
Cependant que la mort me fuit ;
Ie pâme au moindre vent, ie meurs au moindre bruit,
Et mes esperances esteintes
N'attendent la fin de mes craintes,
Que du Monstre qui les produit.

Qu'il tarde à suiure mes desirs,
Et que sa cruelle paresse
A ce cœur dont ma flame est encor la maistresse,
Couste d'amers & longs soûpirs !
O toy, donc iusqu'icy la douceur m'a suiuie,
Va-t'en, souuenir indiscret,
Et cessant de me faire vn entretien secret
De ce Prince qui m'a seruie,
Laisse-moy sortir de la vie
Auec vn peu moins de regret.

C'est assez que tout l'Vniuers
Conspire à faire mes supplices,
Ne les redouble point, toy qui fus mes delices ;
En me monstrant ce que ie perds :
Laisse-moy....

SCENE II.

CASSIOPE, ANDROMEDE, TIMANTE, CHOEVR de peuple.

CASSIOPE.

Me voicy, qui ſeule ay fait le crime,
Me voicy, iuſtes Dieux, prenez voſtre victime,
S'il eſt quelque iuſtice encore parmy vous,
C'eſt à moy ſeule, à moy qu'eſt deu voſtre couroux.
Punir les innocents, & laiſſer les coupables,
Inhumains eſt-ce en eſtre, eſt-ce en eſtre capables ?
A moy tout le ſupplice, à moy tout le forfait.
Que faites vous, cruels ? qu'auez-vous preſque fait ?
Andromede eſt icy voſtre plus rare ouurage,
Andromede eſt icy voſtre plus digne image,
Elle raſſemble en ſoy vos attraits diuiſez,
On vous connoiſtra moins, ſi vous la deſtruiſez.
Ah ! ie découure enfin d'où prouient tant de haine.
Vous en eſtes jaloux plus que ie n'en fus vaine,
Si vous la laiſſez viure, enuieux Tout-puiſſants,
Elle auroit plus que vous, & d'Autels, & d'encens,
Chacun préfereroit le portrait au modele,
Et bien-toſt l'Vniuers n'adoreroit plus qu'elle.

ANDROMEDE.

En l'eſtat où ie ſuis le Sort m'eſt-il trop doux,

Si

Si vous ne me donnez dequoy craindre pour vous ?
Faut-il encor ce comble à des malheurs extrémes ?
Qu'esperez-vous, Madame, à force de blasphemes ?

CASSIOPE.

Attirer & leur Monstre & leur foudre sur moy,
Mais ie ne les irrite, helas, que contre toy !
Sur ton sang innocent retombent tous mes crimes,
Seule, tu leur tiens lieu de mille autres victimes,
Et pour punir ta mere, ils n'ont, ces cruels Dieux,
Ny Monstre dans la mer, ny foudre dans les Cieux.
Aussi sçauent-ils bien que se prendre à ta vie,
C'est percer de mon cœur la plus tendre partie,
Que ie souffre bien plus en te voyant perir,
Et qu'ils me feroient grace en me faisant mourir.
Ma fille, c'est donc là cét heureux Hymenée,
Cette illustre vnion par Venus ordonnée,
Qu'auecque tant de pompe il falloit préparer,
Et que ces mesmes Dieux deuoient tant honorer !
Ce que nos yeux ont veu, n'estoit-ce donc qu'vn songe,
Deesse, ou ne viens tu que pour dire vn mensonge ?
Nous aurois-tu parlé sans l'adueu du Destin ?
Est-ce ainsi qu'à nos maux le Ciel trouue vne fin ?
Est-ce ainsi qu'Andromede en reçoit les carresses ?
Si contr'elle l'Enuie esmeut quelques Deesses,
L'Amour en sa faueur n'arme-t'il point de Dieux ?
Sont-ils tous deuenus, ou sans cœur, ou sans yeux ?
Le maistre souuerain de toute la Nature

Pour de moindres beautez a changé de figure,
Neptune a soûpiré pour de moindres appas,
Elle en montre à Phœbus que Daphné n'auoit pas,
Et l'Amour en Psyché voyoit bien moins de charmes
Quand pour elle il daigna se blesser de ses armes.
Qui dérobe à tes yeux le droit de tout charmer,
Ma fille ? au vif éclat qu'ils sement dans la mer,
Les Tritons amoureux, malgré leurs Nereïdes,
Deuroient desia sortir de leurs grottes humides.
Aux fureurs de leur Monstre à l'enuy s'opposer,
Contre ce mesme écueil eux-mesmes l'écraser,
Et de ses os brisez, de sa rage estouffée,
Au pied de ton Rocher t'esleuer vn trophée.

ANDROMEDE voyant venir le Monstre de loin.

Renouueler le crime, est-ce pour les fléchir ?
Vous hastez mon supplice au lieu de m'affranchir,
Vous appelez le Monstre. Ah ! du moins à sa veuë
Quittez la vanité qui m'a desia perduë,
Il n'est mortel ny Dieu qui m'ose secourir,
Il vient, consolez-vous, & me laissez mourir.

CASSIOPE.

Ie le voy, c'en est fait. Parois du moins, Phinée,
Pour sauuer la beauté qui t'estoit destinée,
Parois, il en est temps, viens en dépit des Dieux
Sauuer ton Andromede, ou perir à ses yeux,
L'amour te le commande, & l'honneur t'en conuie ;
Peux-tu, si tu la perds, aymer encor la vie ?

ANDROMEDE.

Il n'a manque d'amour ny manque de valeur,
Mais sans doute, Madame, il est mort de douleur,
Et comme il a du cœur & sçait que ie l'adore,
Il periroit icy, s'il respiroit encore.

CASSIOPE.

Dy plustost que l'ingrat n'ose te meriter.
Toy donc, qui plus que luy t'osois tantost vanter,
Viens, amant inconnu, dont la haute origine,
Si nous t'en voulons croire, est Royale, ou Diuine,
Viens-en donner la preuue, & par vn prompt secours
Fay-nous voir quelle foy l'on doit à tes discours,
Supplante ton riual par vne illustre audace,
Viens à droit de conqueste en occuper la place,
Andromede est à toy si tu l'oses gaigner.
Quoy, lasches, le peril vous la fait dédaigner!
Il esteint en tous deux ces flames sans secondes!
Allons, mon desespoir, iusqu'au milieu des ondes
Faire seruir l'effort de nos bras impuissans
D'exemple & de reproche à leurs feux languissans,
Faisons ce que tous deux deuroient faire auec joye,
Destournons sa fureur dessus vne autre proye,
Heureuse si mon sang la pouuoit assouuir;
Allons, mais qui m'arreste? ah! c'est mal me seruir.

On voit icy Persée descendre du haut des nuës.

SCENE III.

ANDROMEDE attachée au Rocher, PERSEE en l'air sur le cheual Pegase, CASSIOPE, TIMANTE, & le CHOEVR sur le Riuage.

TIMANTE montrant Persée à Cassiope & l'empeschant de se ietter en la mer.

COurez-vo⁹ à la mort, quãd on vole à vostre ayde?
Voyez par quels chemins on secourt Andromede,
Quel Heros, ou quel Dieu sur ce cheual aislé....

CASSIOPE.

Ah! c'est cét inconnu par mes cris appelé,
C'est luy-mesme, Seigneur, que mon ame estonnée...

PERSEE en l'air.

Reyne, voyez par là si ie vaux bien Phinée,
Si i'estois moins que luy digne de vostre choix,
Et si le sang des Dieux cede à celuy des Roys,

CASSIOPE.

Rien n'égale, Seigneur, vne amour si fidelle,
Combatez donc pour vous, en combatant pour elle,
Vous ne trouuerez point de sentiments ingrats.

PERSEE à Andromede.

Adorable Princesse, aduoüez-en mon bras.

CHOEVR de Musique cependant que Persée combat le Monstre.

Courage, enfant des Dieux, elle est vostre conqueste,
Et iamais amant ny guerrier
Ne vit ceindre sa teste
D'vn si beau myrthe, ou d'vn si beau laurier.

Vne voix seule.

Andromede est le prix qui suit vostre victoire,
Combatez, combatez,
Et vos plaisirs & vostre gloire
Rendront jaloux les Dieux dont vous sortez.

Le CHOEVR repete.

Courage, enfant des Dieux, elle est vostre conqueste,
Et iamais amant ny guerrier
Ne vit ceindre sa teste
D'vn si beau mirthe, ou d'vn si beau laurier.

Vne voix seule.

La défaite du Monstre à tout autre inuincible
Se reseruoit pour vous,
Et quoy qu'on la tienne impossible,
Vous pouuez tout sous vn espoir si doux.

Le CHOEVR repete.

Courage, enfant des Dieux, elle est vostre conqueste,
Et iamais amant ny guerrier
Ne vit ceindre sa teste
D'vn si beau myrthe, ou d'vn si beau laurier.

TIMANTE à la Reyne.

Voyez de quel effet nostre attente est suiuie.

Madame, elle est sauuée, & le Monstre est sans vie.

PERSEE ayant tué le Monstre.

Rendez grace à l'Amour, qui m'en a fait vainqueur.

CASSIOPE.

O Ciel ! que ne vous puis-je assez ouurir mon cœur ?
L'Oracle de Venus enfin s'est fait entendre,
Voilà ce dernier choix qui nous deuoit tout rendre,
Et vous estes, Seigneur, l'incomparable espoux,
Par qui le sang des Dieux doit se ioindre auec nous.
Ne pense plus, ma fille, à ton ingrat Phinée,
C'est à ce grand Heros que le Sort t'a donnée,
C'est pour luy que le Ciel te destine auiourd'huy,
Il est digne de toy, rends-toy digne de luy.

PERSEE.

Il faut la meriter par mille autres seruices,
Vn peu d'espoir suffit pour de tels sacrifices.
Princesse, cependant quittez ces tristes lieux
Pour rendre à vostre Cour tout l'éclat de vos yeux.
Ces Vents, ces mesmes Vents qui vous ont enleuée,
Vont rendre de tout point ma victoire acheuée,
L'ordre que leur prescrit mon pere Iuppiter
Iusqu'en vostre Palais les force à vous porter,
Les force à vous remettre où l'on vous a veu prise.

ANDROMEDE.

D'vne frayeur mortelle à peine encor remise,
Pardonnez, grand Heros, si mon estonnement
N'a pas la liberté d'aucun remerciement.

PERSEE.

Venez, Tyrans des mers, reparer vostre crime,
Venez restituer cette illustre victime,
Meritez vostre grace, impetueux mutins,
Par vostre obeyssance au maistre des Destins.

Les Vents obeïssent aussi-tost à ce commandement de Persée, & on les voit en vn momẽt détacher cette Princesse, & la reporter par dessus les flots iusques au lieu d'où ils l'auoient apportée au commencement de cét Acte. En mesme temps Persée reuole en haut sur son cheual aislé, & aprés auoir fait vn caracol admirable au milieu de l'air, il tire du mesme costé qu'on a veu disparoistre la Princesse. Tandis qu'il vole, tout le riuage retentit de cris de joye & de chants de victoire.

CASSIOPE voyant Persée reuoler en haut aprés sa victoire.

Peuple, qu'à pleine voix l'allegresse publique,
Aprés vn tel miracle, en triomphe s'explique,
Et face retentir sur ce riuage heureux
L'immortelle valeur d'vn bras si genereux.

CHOEVR de Musique.

Le Monstre est mort, crions victoire,
Victoire tous, victoire à pleine voix,
Que nos campagnes & nos bois
Ne resonnent que de sa gloire,

Princesse, elle vous donne enfin l'illustre espoux
Qui seul estoit digne de vous.

Vous estes sa digne conqueste,
Victoire tous, victoire à son amour,
C'est luy qui nous rend ce beau iour,
C'est luy qui calme la tempeste :
Et c'est luy qui vous donne enfin l'illustre espoux
Qui seul estoit digne de vous.

CASSIOPE aprés que Persée est disparu.

Dieux, j'estois sur ces bords immobile de ioye !
Allons voir où ces Vents ont reporté leur proye,
Embrasser ce vainqueur, & demander au Roy
L'effet du bel espoir qu'il a receu de moy.

SCENE IV.

Trois NEREIDES s'esleuans au milieu des flots.

CYMODOCE.

Ainsi nostre colere est de tout point brauée,
Ainsi nostre victime à nos yeux enleuée
Va croistre les douceurs de ses contentements,
Par le iuste mépris de nos ressentiments.

EPHYRE.

Toute nostre fureur, toute nostre vangeance,
Semble auec son Destin estre d'intelligence.

N'agi

N'agir qu'en sa faueur, & ses plus rudes coups
Ne font que luy donner vn plus illustre espoux.

CYDIPPE.

Le Sort, qui iusqu'icy nous a donné le change,
Immole à ses beautez le Monstre qui nous vange :
Du mesme sacrifice, & dans le mesme lieu,
De victime qu'elle est, elle deuient le Dieu.
Cessons d'oresnauant, cessons d'estre immortelles,
Puisque les Immortels trahissent nos querelles,
Qu'vne beauté commune est plus chere à leurs yeux,
Car son liberateur est sans doute vn des Dieux ;
Autre qu'vn Dieu n'eust pû nous oster cette proye,
Autre qu'vn Dieu n'eust pû prendre vne telle voye,
Et ce cheual aislé fust pery mille fois,
Auant que de voler sous vn indigne poids.

CYMODOCE.

Ouy, c'est sans doute vn Dieu qui vient de la defendre,
Mais il n'est pas, mes sœurs encor temps de nous rendre
Et puis qu'vn Dieu pour elle ose nous outrager,
Il faut trouuer aussi des Dieux à nous vanger.
Du sang de nostre Monstre encore toutes teintes
Au Palais de Neptune allons porter nos plaintes,
Luy demander raison de l'immortel affront
Qu'vne telle défaite imprime à nostre front.

CYDIPPE.

Ie croy qu'il nous préuient, les ondes en boüillonnent,
Les Conques des Tritons dans ces rochers resonnent,
C'est luy-mesme, parlons.

SCENE V.

NEPTVNE, Les NEREIDES.

NEPTVNE dans son Char, formé d'vne grande Conque de Nacre, & tiré par deux cheuaux marins.

Ie sçay vos déplaisirs,
Mes filles, & ie viens au bruit de vos soûpirs.
De l'affront qu'on vous fait plus que vous en colere,
C'est moy que tyrannise vn superbe de frere,
Qui dans mon propre Estat m'osant faire la loy,
M'enuoye vn de ses fils pour triompher de moy.
Qu'il regne dans le Ciel, qu'il regne sur la Terre,
Qu'il gouuerne à son gré l'esclat de son Tonnerre,
Que mesme du Destin il soit indépendant,
Mais qu'il me laisse à moy gouuerner mon Trident.
C'est bien assez pour luy d'vn si grand auantage,
Sans me venir brauer encor dans mon partage;
Aprés cét attentat sur l'Empire des mers,
Mesme honte à leur tour menace les Enfers;
Aussi leur Souuerain prendra nostre querelle:
Ie vay l'interesser auec Iunon pour elle,
Et tous trois assemblans nostre pouuoir en vn,
Nous sçaurons bien dompter nostre tyran commun.

Adieu, consolez-vous, Nymphes trop outragées,
Ie periray moy-mesme ou vous serez vangées,
Et i'ay sçeu du Destin qui se ligue auec nous,
Qu'Andromede icy bas n'aura iamais d'espoux.

Il fond au milieu de la mer.

CYMODOCE.

Aprés le doux espoir d'vne telle promesse,
Reprenons, cheres sœurs, vne entiere allegresse.

Les Nereïdes se plongent aussi dans la mer.

DECORATION DV QVATRIEME ACTE.

LEs vagues fondent ſous le Theatre, & ces hideuſes maſſes de pierre dont elles battoient le pied, font place à la magnificēce d'vn Palais Royal. On ne le voit pas tout entier, on n'en voit que le Veſtibule, ou plûtoſt la grande ſalle, qui doit ſeruir aux nopces de Perſée & d'Andromede. Deux rangs de colomnes de chaque coſté, l'vn de rondes, & l'autre de quarrées en font les ornements : Elles ſont enrichies de ſtatuës de marbre blanc d'vne grandeur naturelle, & leurs baſes, corniches, amortiſſemens, eſtalent tout ce que peut la iuſteſſe de l'Architecture : Le frontiſpice ſuit le meſme ordre, & par trois portes dont il eſt percé, fait voir trois allées de Cyprés, où l'œil s'enfonce à perte de veuë. Perſée paroiſt le premier dans cette ſalle conduiſant Andromede à ſon apartement, aprés l'auoir obtenuë du Roy & de la Reyne ; & comme ſi leur volonté ne ſuffiſoit pas, il taſche encor de l'obtenir d'elle-meſme par les reſpects qu'il luy rend, & les ſubmiſſions extraordinaires qu'il luy fait.

ACTE IV.

SCENE PREMIERE.

ANDROMEDE, PERSEE, CHOEVR de Nymphes, Suite de Persée.

PERSEE.

Qve me permettez-vous, Madame, d'esperer ?
Vostre amour est-ce vn bien où ie doiue aspirer ?
Et puis-je en cette illustre & diuine journée,
Pretendre iusqu'au cœur que possedoit Phinée.

ANDROMEDE.

Laissez-moy l'oublier puis qu'on me donne à vous,
Et s'il l'a possedé n'en soyez point jaloux,
Le choix du Roy l'y met, le choix du Roy l'en chasse,
Ce mesme choix du Roy vous y donne sa place,
N'exigez rien de plus, ie ne sçay point haïr,
Ie ne sçay point aymer, mais ie sçay obeïr,
Ie sçay porter ce cœur à tout ce qu'on m'ordonne,
Il suit aueuglement la main qui vous le donne,
De sorte, grand Heros, qu'aprés le choix du Roy,
Ce que vous demandez est plus à vous qu'à moy.

PERSEE.

Que ie puisse abuser ainsi de sa puissance !

Hazarder vos plaisirs sur vostre obeyssance !
Et de liberateur de vos rares beautez
M'esleuer en tyran dessus vos volontez !
Princesse, mon bon-heur vous auroit mal seruie
S'il vous faisoit esclaue en vous rendant la vie,
Et ne vous conseruoit des iours si precieux
Que pour les attacher sous vn ioug odieux.
C'est aux courages bas, c'est aux amants vulgaires,
A faire agir pour eux l'authorité des peres,
Souffrez à mon amour des chemins differents ;
I'ay veu parler pour moy, les Dieux & vos parents,
Ie sens que mon espoir s'enfle de leur suffrage,
Mais ie n'en veux enfin tirer autre auantage,
Que de voir cét amour faire hommage à vos yeux
Du choix de vos parents, & du vouloir des Dieux.
Ils vous donnent à moy, ie vous rends à vous-mesme,
Et comme c'est vostre heur & non le mien que i'ayme,
I'ayme mieux m'exposer à perdre vn bien si doux
Que de vous obtenir d'vn autre que de vous.
Ie garde cét espoir, & hazarde le reste,
Et me soit vostre choix, ou propice, ou funeste,
Ie beniray l'Arrest qu'en feront vos desirs,
Si ma mort vous espargne vn peu de déplaisirs.
Remplissez mon espoir, ou trompez mon attente,
Ie mourray sans regret, si vous viuez contente,
Et mon trespas n'aura que d'aymables momens,
S'il vous oste vn obstacle à vos contentemens.

ANDROMEDE.

C'est trop d'estre vainqueur dans la mesme iournée
Et de ma retenuë, & de ma Destinée.
Aprés que par le Roy vos vœux sont exaucez,
Vous parler d'obeyr, c'estoit vous dire assez :
Mais vous voulez douter afin que ie m'explique,
Et que vostre victoire en deuienne publique ;
Sçachez donc....

PERSEE.

Non, Madame, où i'ay tant d'interest
Ce n'est pas deuant moy qu'il faut faire l'Arrest.
L'excez de vos bontez pourroit en ma presence
Faire à vos sentimens vn peu de violence ;
Ce bras vainqueur du Monstre, & qui vous rend le iour
Pourroit en ma faueur seduire vostre amour ;
La pitié de mes maux pourroit mesme surprendre
Ce cœur trop genereux pour s'en vouloir defendre ;
Et le moyen qu'vn cœur, ou seduit, ou surpris,
Fust iuste en ses faueurs, ou iuste en ses mépris ?
De tout ce que i'ay fait, ne voyez que ma flâme,
De tout ce qu'on vous dit, ne croyez que vostre ame,
Ne me répondez point, & consultez-la bien,
Faites vostre bon-heur sans aucun soin du mien,
Ie luy voudrois du mal s'il retranchoit du vostre,
S'il vous pouuoit couster vn soûpir pour quelqu'autre,
Et si quitant pour moy quelques destins meilleurs,
Vostre deuoir laissoit vostre tendresse ailleurs.
Ie vous le dis encor dans ma plus douce attente,

Ie mourray trop content si vous viuez contente,
Et si l'heur de ma vie ayant sauué vos iours,
La gloire de ma mort asseure vos amours.
Adieu, ie vais attendre, ou triomphe, ou supplice,
L'vn comme effet de grace, & l'autre de iustice.

ANDROMEDE.

A ces profonds respects qu'icy vous me rendez,
Ie ne replique point, vous me le deffendez :
Mais quoy que vostre amour me condamne au silence,
Ie vous diray, Seigneur, malgré vostre deffence,
Qu'vn Heros tel que vous ne sçauroit ignorer,
Qu'ayant tout merité l'on doit tout esperer.

SCENE II.

ANDROMEDE, Chœur de Nymphes,

ANDROMEDE.

NYmphes, l'auriez vous creu, qu'en moins d'vne journée,
I'aymasse de la sorte vn autre que Phinée ?
Le Roy l'a commandé, mais de mon sentiment
Ie m'offrois en secret à son commandement,
Ma flame impatiente inuoquoit sa puissance,
Et couroit au deuant de mon obeyssance.
Ie fay plus, au seul nom de mon premier vainqueur
L'amour à la colere abandonne mon cœur,

Et ce captif rebelle, ayant brisé sa chaisne,
Va iusques au desdain, s'il ne passe à la haine.
Que direz-vous d'vn chãge & si prompt, & si grãd,
Qui dans ce mesme cœur moy-mesme me surprend.

AGLANTE.

Que pour faire vn bon-heur promis par tant d'Oracles
Cette grande iournée est celle des miracles,
Et qu'il n'est pas aux Dieux besoin de plus d'effort,
A changer vostre cœur, qu'à changer vostre Sort.
Cét Empire absolu qu'ils ont dessus nos ames
Esteint comme il leur plaist & rallume nos flames,
Et verse dans nos cœurs, pour se faire obeïr,
Des principes secrets d'aymer & de haïr.
Nous en voyons au vostre en cette haute estime
Que vous nous témoignez pour ce bras magnanime;
Au defaut de l'amour que Phinée emportoit,
Il luy donnoit deslors tout ce qui luy restoit,
Deslors ces mesmes Dieux, dont l'ordre s'execute,
Le panchoient du costé qu'ils preparoient sa cheute,
Et cette haute estime attendant ce beau iour,
N'estoit qu'vn beau degré pour monter à l'amour.

CEPHALIE.

Vn digne amour succede à cette haute estime,
Si ie puis toutefois vous le dire sans crime,
C'est hazarder beaucoup que croire entierement
L'impetuosité d'vn si prompt changement,
Comme pour vous Phinée eut iadis quelques charmes,
Peut-estre il ne luy faut qu'vn soûpir & deux larmes,

Pour dißiper vn peu decette auidité
Qui d'vn torrent si gros suit la rapidité.
Deux amants que separe vne legere offence
Reprennent aisément leur vieille intelligence,
Vous reuerrez en luy ce qui le fit aymer,
Les mesmes qualitez qu'il vous pleust estimer...

ANDROMEDE.

Et i'y verray de plus cette ame lasche & basse
Iusqu'à m'abandonner à toute ma disgrace,
Cét ingrat trop aymé qui n'osa me sauuer,
Qui me voyant perir voulut se conseruer,
Et creut s'estre acquité deuant ce que nous sommes
En blasphemant les Dieux, & menaçant les hommes.
S'il eust... Mais le voicy, voyons si ses discours
Rompront de ce torrent ou grossiront le cours.

SCENE III.

ANDROMEDE, PHINEE,
AMMON, CHOEVR de Nymphes,
Suite de Phinée.

PHINEE.

SVr vn bruit qui m'estonne, & que ie ne puis croire,
Madame, mon amour jaloux de vostre gloire,
Vient sçauoir s'il est vray que vous soyez d'accord,
Par vn change honteux, de l'Arrest de ma mort.

Non que ie sois surpris que le Roy, que la Reyne,
Suiuent les mouuemens d'vne foiblesse humaine ;
Tout ce qui me surprend ce sont vos volontez.
On vous donne à Persée, & vous y consentez !
Et toute vostre foy demeure sans defense
Alors que de mon bien on fait sa recompense !

ANDROMEDE.

Ouy, i'y consents, Phinée, & i'y dois consentir ;
Et quel que soit ce bien qu'il a sçeu garantir,
Sans vous faire iniustice on en fait son salaire,
Quand il a fait pour moy ce que vous deuiez faire.
Mais quel droit auiez-vous de nommer vostre vn bien
Ou vostre peu de cœur ne prétendoit plus rien ?
Quoy, vous pouuez souffrir qu'vn Monstre me deuore,
Et ce Monstre estant mort ie suis à vous encore !
Quand ie sors de peril vous reuenez à moy ?
Vous auez de l'amour, & ie vous dois ma foy !
C'estoit de sa fureur qu'il me falloit defendre,
Si vous vouliez garder quelque droit d'y pretendre :
Ce demy-Dieu n'a fait, quoy que vous pretendiez,
Que m'arracher au Monstre à qui vous me cediez.
Quittez donc cette vaine & temeraire idée,
Ne me demandez plus quand vous m'auez cedée,
Ce doit estre pour vous mesme chose auiourd'huy,
Ou de me voir au Monstre, ou de me voir à luy.

PHINEE.

Qu'ay-je oublié pour vous de ce que i'ay pû faire ?
N'ay-je pas des Dieux mesmes attiré la colere ?

Lors que ie vis Æole armé pour m'en punir
Fut-il en mon pouuoir de vous mieux retenir?
N'eurent-ils pas besoin d'vn éclat de tonnerre,
Ses ministres aislez, pour me jetter par terre?
Et voyant mes efforts auorter sans effets,
Quels pleurs n'ay-ie versez, & quels vœux n'ay-je faits?

ANDROMEDE.

Vous auez donc pour moy daigné verser des larmes,
Lors que pour me defendre vn autre a pris les armes!
Et dedans mon peril vos sentiments ingrats
S'amusoient à des vœux quand il falloit des bras!

PHINEE.

Que pouuois-je de plus, ayant veu pour Nerée
De vingt amants armez la troupe deuorée?
Deuois-je encor promettre vn succez à ma main,
Qu'on voyoit au dessus de tout l'effort humain?
Deuois-je me flatter de l'espoir d'vn miracle?

ANDROMEDE.

Vous deuiez l'esperer sur la foy d'vn Oracle,
Le Ciel l'auoit promis par vn Arrest si doux,
Il l'a fait par vn autre, & l'auroit fait par vous.
Mais quand vous auriez creu vostre perte asseurée,
Du moins ces vingt amants deuorez pour Nerée,
Vous laissoient vn exemple, & noble, & glorieux,
Si vous n'eussiez pas craint de perir à mes yeux.
Ils voyoient de leur mort la mesme certitude,
Mais auec plus d'amour & moins d'ingratitude,

Tous voulurent mourir pour leur objet mourant,
Que leur amour du vostre estoit bien different !
L'effort de leur courage a produit vos alarmes,
Vous a reduit aux vœux, vous a reduit aux larmes,
Et quoy que plus heureuse en vn semblable Sort,
Ie voy d'vn œil jaloux la gloire de sa mort.
Elle auoit vingt amants qui voulurent la suiure,
Et ie n'en auois qu'vn qui m'a voulu suruiure.
Encor ces vingt amants qui vous ont alarmé
N'estoient pas tous aimez, & vous estiez aimé ;
Ils n'auoient la pluspart qu'vne foible esperance,
Et vous auiez, Phinée, vne entiere asseurance,
Vous possediez mon cœur, vous possediez ma foy,
N'estoit-ce point assez pour mourir auec moy ?
Pouuiez-vous....

PHINEE.

Ah, de grace, imputez-moy, Madame,
Les crimes les plus noirs qu'ose enfanter vne ame,
Mais ne soupçonnez point ce malheureux amant
De vous pouuoir iamais suruiure vn seul moment.
I'épargnois à mes yeux vn funeste spectacle,
Où mes bras impuissans n'auoient pû mettre obstacle,
Et tenois ma main preste à seruir ma douleur
Au moindre & premier bruit qu'eust fait vostre malheur.

ANDROMEDE.

Et vos respects trouuoient vne digne matiere
A me laisser l'honneur de perir la premiere !

Ah ! c'estoit à mes yeux qu'il falloit y courir,
Si vous auiez pour moy cette ardeur de mourir,
Vous ne me deuiez pas enuier cette ioye
De voir offrir au Monstre vne premiere proye :
Vous m'auriez desarmé la mort de ses horreurs,
Vous m'auriez fait au Monstre adorer les fureurs,
Et luy voyant ouurir ce gouffre épouuentable,
Ie l'aurois regardé comme vn port fauorable,
Comme vn viuant sepulchre où mon cœur amoureux
Eust bruslé de reioindre vn amant genereux.
I'aurois desauoüé la valeur de Persée,
En me sauuant la vie il m'auroit offensée,
Et de ce mesme bras qu'il m'auroit conserué,
Ie vous immolerois ce qu'il m'auroit sauué,
Ma mort auroit desia couronné vostre perte ;
Et la bonté du Ciel ne l'auroit pas soufferte.
C'est à vostre refus que les Dieux ont remis
En de plus dignes mains ce qu'ils m'auoient promis ;
Mon cœur eust mieux aimé le tenir de la vostre :
Mais ie vis par vn autre, & viuray pour vn autre.
Vous n'auez pas de lieu d'en deuenir jaloux,
Puisque sur ce rocher j'estois morte pour vous,
Qui pouuoit le souffrir, peut me voir sans enuie
Viure pour vn Heros de qui ie tiens la vie,
Et quand l'amour encor me parleroit pour luy,
Ie ne puis disposer des conquestes d'autruy.
Adieu.

SCENE IV.

PHINEE, AMMON, Suite de Phinée.

PHINEE.

Vous voulez que i'en face la mienne,
Cruelle, & que ma foy de mon bras vous obtienne?
Et bien, nous l'irons voir, ce bien-heureux vainqueur
Qui triomphant d'vn Monstre a dompté vostre cœur:
C'estoit trop peu pour luy d'vne telle victoire,
S'il n'eust aedans ce cœur triomphé de ma gloire.
Mais si ma main au Monstre arrache vn bien si cher,
La mienne à son bon-heur sçaura bien l'arracher,
Et vainqueur de tous deux en vne seule teste,
De ce qui fut mon bien ie feray ma conqueste,
La force me rendra ce que ne peut l'amour.
Allons-y, chers amis, & dés ce mesme iour....

AMMON.

Seigneur, auparauant d'vne ame plus remise
Daignez voir le succez d'vne telle entreprise.
Sçauez-vous que Persée est fils de Iuppiter,
Et qu'ainsi vous auez le foudre à redouter?

PHINEE.

Ie sçay que Danaë fut son indigne mere,
L'or qui plût dans son sein l'y forma d'adultere;

Mais le pur sang des Rois n'est pas moins precieux,
Ny moins chery du Ciel, que les crimes des Dieux.

AMMON.

Mais vous ne sçauez pas, Seigneur, que son espée
De l'horrible Meduse a la teste coupée,
Que sous son bouclier il la porte en tous lieux,
Et que c'est fait de vous s'il en frape vos yeux.

PHINEE.

On dit que ce prodige est pire qu'vn tonnerre,
Qu'il ne faut que le voir pour n'estre plus que pierre,
Et que n'aguere Atlas qui ne s'en pût cacher,
A cét aspect fatal deuint vn grand rocher.
Soit vne verité, soit vn conte, n'importe,
Si la valeur ne peut, que le nombre l'emporte:
Puisqu'Andromede enfin vouloit me voir perir,
Ou triompher d'vn Monstre afin de l'acquerir,
Que fiere de se voir l'obiet de tant d'Oracles
Elle veut que pour elle on face des miracles;
Cette teste est vn Monstre, aussi bien que celuy
Dont cet heureux riual la deliure auiourd'huy,
Et nous aurons ainsi dans vn seul aduersaire
Et Monstres à combatre, & miracles a faire.
Peut-estre quelques Dieux prendront nostre party,
Quoy que de leur Monarque il se dise sorty,
Et Iunon pour le moins prendra nostre querelle
Contre l'amour furtif d'vn espoux infidelle.

Iunon ſe fait voir dans vn Char ſuperbe, tiré par deux Paons, & ſi bien enrichy, qu'il paroiſt bien digne de l'orgueil de la Deeſſe qui s'y fait porter. Elle ſe promene au milieu de l'Air, dont nos Poëtes luy attribuent l'Empire, & y fait pluſieurs tours, tantoſt à droite, & tantoſt à gauche, cependant qu'elle aſſeure Phinée de ſa protection.

SCENE V.

IVNON dans ſon Char au milieu de l'air, PHINEE, AMMON, Suite de Phinée.

IVNON.

N'En doute point, Phinée, & ceſſe d'endurer.

PHINEE.

Elle meſme paroiſt pour nous en aſſeurer!

IVNON.

Ie ne ſeray pas ſeule, ainſi que moy Neptune
S'intereſſe en ton infortune,
Et deſia la noire Alecton
Du fond des Enfers déchaiſnée,
A par les ordres de Pluton
De mille cœurs pour toy la fureur mutinée:
Fort de tant de ſeconds, oſe, & ſers mon couroux
Contre l'indigne ſang de mon volage eſpoux.

PHINEE.

Nous te ſuiuons, Deeſſe. & deſſous tes auſpices
Nous franchirons ſans peur les plus noirs precipices.
Que craindrons-nous, amis, nous auons Dieux pour Dieux,
Oracle pour Oracle, & la faueur des Cieux,
D'vn contrepoids égal deſſus nous balancée
N'eſt pas entierement du coſté de Perſée.

IVNON.

Ie te le dis encor, oſe, & ſers mon couroux
Contre l'indigne ſang de mon perfide eſpoux.

AMMON.

Sous tes commandemens, nous y courons, Deeſſe,
Le cœur plein d'eſperance, & l'ame d'allegreſſe,
Allons, Seigneur, allons aſſembler vos amis,
Courons au grand ſuccez qu'elle vous a promis,
Auſſi-bien le Roy vient, il faut quitter la place,
De peur....

PHINEE.

Non, demeurez pour voir ce qui ſe paſſe,
Et ſongez à m'en faire vn fidelle raport,
Tandis que ie m'apreſte à cét illuſtre effort.

SCENE VI.

CEPHEE, CASSIOPE, ANDROMEDE, PERSEE, AMMON, TIMANTE, CHOEVR de peuple.

TIMANTE.

Seigneur, le ſouuenir des plus aſpres ſupplices
Quand vn tel bien les ſuit n'a iamais que delices,
Si d'vn mal ſans pareil nous nous viſmes ſurpris,
Nous beniſſons le Ciel d'vn tel mal à ce prix,
Et voyant quel eſpoux il donne à la Princeſſe,
La douleur s'en termine en ces chants d'allegreſſe.

CHOEVR de Muſique.

Viuez, viuez, heureux amants,
Dans les douceurs que l'amour vous inſpire,
Viuez heureux, & viuez ſi long-temps,
Qu'au bout d'vn ſiecle entier on puiſſe encor vous dire,
Viuez, heureux amants.

Que les plaiſirs les plus charmants
Facent les iours d'vne ſi belle vie,
Qu'ils ſoient ſans tache, & que tous leurs moments
Facent redire meſme à la voix de l'Enuie,
Viuez, heureux amants.

Que les peuples les plus puiſſants

Dans nos souhaits à pleins vœux nous secondent,
Qu'aux Dieux pour vous ils prodiguent l'encens,
Et des bouts de la Terre a l'enuy nous repondent,
Viuez, heureux amants.

CEPHEE.

Allons, amis, allons dans ce comble de ioye
Rendre graces au Ciel de l'heur qu'il nous enuoye,
Allons aedans le Temple auecque mille vœux
De cét illustre Hymen acheuer les beaux nœuds,
Allons sacrifier à Iuppiter son pere,
Le prier de souffrir ce que nous allons faire,
Et ne s'offencer pas que ce noble lien
Face vn melange heureux de son sang & du mien.

CASSIOPE.

Souffrez qu'auparauant par d'autres sacrifices
Nous nous rendions des eaux les Deïtez propices.
Neptune est irrité, les Nymphes de la mer
Ont de noueaux sujets encor de s'animer,
Et comme mon orgueil fit naistre leur colere,
Par mes submissions ie dois les satisfaire.
Sur leurs sables témoins de tant de vanitez
Ie vay sacrifier à leurs Diuinitez,
Et conduisant ma fille à ce mesme riuage,
De ses mesmes beautez leur rendre vn plein hõmage,
Ioindre nos vœux au sang des taureaux immolez:
Puis nous vous rejoindrons au Temple où vous allez.

PERSEE.

Souffrez qu'en mesme temps de ma fiere marastre

Ie tasche d'appaiser la haine opiniastre,
Qu'vn pareil sacrifice, & de semblables vœux
Tirent d'elle l'adueu qui me peut rendre heureux.
Vous sçauez que Iunon à ce lien preside,
Que sans elle l'Hymen marche d'vn pied timide,
Et que sa jalousie aime à persecuter
Quiconque ainsi que moy sort de son Iuppiter.

CEPHEE.

Ie suis rauy de voir qu'au milieu de vos flames
De si dignes respects regnent dessus vos ames:
Allez, i'immoleray pour vous à Iuppiter,
Et ie ne voy plus rien enfin à redouter.
Des Dieux les moins benins l'eternelle puissance
Ne veut de nous qu'amour & que recognoissance;
Et iamais leur couroux ne montre de rigueurs,
Que n'abbate aussi-tost l'abaissement des cœurs.

DECORATION DV CINQIEME ACTE.

L'Architecte ne s'est pas épuisé en la structure de ce Palais Royal qui vient de disparoistre. Le Temple qui luy succede a tant d'auantage sur luy, qu'il fait mépriser ce qu'on admiroit. Aussi est-il iuste que la demeure des

Dieux l'emporte ſur celle des hommes, & l'Art du ſieur Torelli eſt icy d'autant plus merueilleux, qu'il fait paroiſtre vne gtande diuerſité en ces deux Decorations, quoy qu'elles ſoient preſque la meſme choſe. On voit encor en celle-cy deux rangs de colomnes comme en l'autre, mais d'vn ordre ſi different, qu'on n'y remarque aucun rapport. Celles-cy ſont de porphyre, & tous les accompagnements qui les ſouſtiennent, & qui les finiſſent, de bronze cizelé, dont la graueure repreſente quantité de Dieux & de Deeſſes. La reflexion des lumieres ſur ce bronze en fait ſortir vn jour tout extraordinaire. Vn grand & ſuperbe Dome couure le milieu de ce Temple magnifique. Il eſt par tout enrichy du meſme metal, & au deuant de ce Dome l'artifice de l'ouurier jette vne gallerie toute brillante d'or & d'azur. Le deſſous de cette Gallerie laiſſe voir le dedans du Temple par trois portes d'argent ouuragées à jour. On y verroit Cephée ſacrifiant à Iuppiter pour le mariage de ſa fille, n'eſtoit que l'attention que les ſpectateurs preſteroient à ce ſacrifice les deſtourneroit de celle qu'ils doiuent à ce qui ſe paſſe dans le paruis, que repreſente le Theatre.

ACTE V.

SCENE PREMIERE.

PHINEE, AMMON,

AMMON.

Vos amis assemblez bruslent tous de vous suiure,
Et Iunon dans son Temple entre vos mains le liure:
Ce riual presque seul au pied de son Autel
Semble attendre à genoux l'honneur du coup mortel.
Là, comme la Deesse agréera la victime,
Plus les lieux seront saints, moindre en sera le crime,
Et son adueu changeant de nom à l'attentat,
Ce sera sacrifice au lieu d'assassinat.

PHINEE.

Que me sert que Iunon, que Neptune propice,
Que tous les Dieux ensemble aiment ce sacrifice,
Si la seule Deesse à qui ie fay des vœux
Ne m'en voit que d'vn œil d'autant plus rigoureux
Et si ce coup sensible au cœur de l'inhumaine
D'vn iniuste mépris fait vne iuste haine?
Amy, quelque fureur qui puisse m'agiter,
Ie cherche à l'acquerir, & non à l'irriter,
Et m'immoler l'objet de sa nouuelle flame
Ce n'est pas le chemin de regaigner son ame

AMMON.

Mais, Seigneur, vous touchez à ce moment fatal
Qui pour iamais la donne à cét heureux riual :
En cette extremité que pretendez-vous faire ?

PHINEE.

Tout, horsmis l'irriter, tout horsmis luy déplaire :
Soûpirer à ses pieds, pleurer à ses genoux,
Trembler deuant sa haine, adorer son couroux.

AMMON.

Quittez, quittez, Seigneur, vn respect si funeste,
Ostez-vous ce riual, & hazardez le reste :
En dûst-elle à iamais dédaigner vos soûpirs,
La vangeance elle seule a de si doux plaisirs....

PHINEE.

N'en cherchons les douceurs, amy, que les dernieres,
Rarement vn amant les peut gouster entieres,
Et quand de sa vangeance elles sont tout le fruit,
Ce sont fausses douceurs que l'amertume suit.
La mort de son riual, les pleurs de son ingrate
Ont bien ie ne sçay quoy qui dans l'abord le flatte ;
Mais de ce cher objet s'en voyant plus hay,
Plus il s'en est flatté, plus il s'en croit trahy,
Sous d'eternels regrets son ame est abbatuë,
Et sa propre vangeance incessamment le tuë.
Ce n'est pas que ie vueille enfin la negliger,
Si ie ne puis fléchir ie cours à me vanger,
Mais souffre à mon amour, mais souffre à ma foiblesse
Encore vn peu d'effort auprés de ma Princesse,

Vn

Vn amant veritable espere iusqu'au bout,
Tant qu'il voit vn moment qui peut luy rendre tout.
L'inconstante peut-estre encor toute estonnée
N'estoit pas bien à soy quand elle s'est donnée,
Et la reconnoissance a fait plus que l'amour
En faueur d'vne main qni luy rendoit le iour.
Au sortir du peril passe encor & tremblante,
L'image de la mort deuant les yeux errante,
Elle a creu tout deuoir à son liberateur :
Mais souuent le deuoir ne donne pas le cœur.
Il agit rarement sans vn peu d'imposture,
Et fait peu de presents dont ce cœur ne murmure.
Peut-estre, amy, peut-estre aprés ce grand effroy
Son amour en secret aura parlé pour moy,
Les traits mal effacez de tant d'heureux seruices,
Les douceurs d'vn beau feu qui furent ses delices,
D'vn regret amoureux touchant son souuenir,
Auront en ma faueur surpris quelque soûpir,
Qui s'échapant d'vn cœur qu'elle force à ma perte,
M'en aura pû laisser la porte encor ouuerte.
Ah! si ce triste Hymen se pouuoit estoigner.

AMMON.

Quoy, vous voulez encor vous faire dédaigner?
Sous ce honteux espoir vostre fureur se dompte?

PHINEE.

Que veux-tu? ne sois point le témoin de ma honte,
Andromede reuient, va trouuer nos amis,
Va preparer leur bras a ce qu'ils m'ont promis.
Ou mes nouueaux respects fléchiront l'inhumaine,

Ou ses nouueaux mépris animeront ma haine,
Et tu verras mes feux changez en iuste horreur
Armer mes desespoirs & haster ma fureur.

AMMON.

Ie vous plains, mais enfin j'obeïs, & vous laisse.

SCENE II.

CASSIOPE, ANDROMEDE, PHINEE, Suite de la Reyne.

PHINEE.

VNe seconde fois, adorable Princesse,
Malgré de vos rigueurs l'imperieuse loy...

ANDROMEDE.

Quoy, vous voyez la Reyne, & vous parlez à moy!

PHINEE.

C'est de vous seule aussi que i'ay droit de me plaindre,
Ie serois trop heureux de la voir vous contraindre,
Et n'accuserois plus vostre infidelité
Si vous vous excusiez sur son authorité.
Au nom de cette amour autrefois si puissante,
Aydez vn peu la mienne à vous faire innocente,
Dites-moy que vostre ame à regret obeït,
Qu'vn rigoureux deuoir malgré vous me trahit,
Dõnez moy lieu de dire, elle mesme elle en pleure,
Elle change forcée, & son cœur me demeure,
Et soudain de la Reyne embrassant les genoux
Vous m'y verrez mourir sans me plaindre de vous.
Mais que luy puis-je, helas! demander pour remede

Quand la main qui me tuë est celle d'Andromede,
Et que son cœur leger ne court au changement
Qu'auec la vanité d'y courir iustement.

CASSIOPE.

Et quel droit sur ce cœur pouuoit garder Phinée
Quand Persée a trouué la place abandonnée,
Et n'a fait autre chose en prenant son party
Que s'emparer d'vn lieu d'où vous estiez sorty ?
Mais sorty (le diray-je, & pourrez vous l'entendre)
Ouy, sorty laschement, de peur de le defendre.
Ainsi nous n'auons fait que le recompenser
D'vn bien où vostre bras venoit de renoncer,
Que vo⁹ cediez au Monstre, à luy-mesme, à tout autre :
Se c'est vne iniustice, examinons la vostre.
La voyant exposée aux rigueurs de son Sort,
Vous vous estiez desia consolé de sa mort,
Et quand par vn Heros le Ciel l'a garantie,
Vous ne vous pouuez plus consoler de sa vie.

PHINEE.

Ah Madame...

CASSIOPE.

Et bien, soit, vous auez soûpiré
Autant que l'a peu faire vn cœur desesperé,
Iamais aucun tourment n'égala vostre peine ;
Certes, quelque douleur dont vostre ame fut pleine ;
Ce desespoir illustre & ces dignes regrets
Luy deuoient vn peu plus que des soûpirs secrets.
A ce defaut Persée...

PHINEE.

Ah ! c'en est trop, Madame,

Ce nom rend malgré moy la fureur à mon ame,
Ie me force au respect, mais tousiours la vanter
C'est me forcer moy-mesme à ne rien respecter.
Qu'a-t'il fait aprés tout si digne de vous plaire,
Qu'auec vn tel secours tout autre n'eust pû faire,
Et tout Heros qu'il est, qu'eust-il osé pour vous,
S'il n'eust eu que sa flame & son bras comme nous?
Mille & mille auroient fait des actions plus belles,
Si le Ciel comme à luy leur eust presté des aisles,
Et vous les auriez veus encor plus genereux,
S'ils eussent veu le Monstre & le peril sous eux,
On s'expose aisément quand on n'a rien à craindre
Combatre vn ennemy qui ne pouuoit l'atteindre,
Voir sa victoire seure & daigner l'accepter,
C'est tout le rare exploit dont il se peut vanter;
Et ie ne comprens point, ny quelle en est la gloire,
Ny quel grand prix merite vne telle victoire.

CASSIOPE.

Et vostre aueuglement sera bien moins compris,
Qui d'vn sujet d'estime en fait vn de mépris.
Le Ciel qui mieux que nous connoist ce que nous sõmes
Mesure ses faueurs au merite des hommes,
Et d'vn pareil secours vous auriez eu l'appuy
S'il eust pû voir en vous mesmes vertus qu'en luy.
Ce sont graces d'en haut rares & singulieres,
Qui n'en descendent point pour des ames vulgaires,
Ou pour en mieux parler, la iustice des Cieux
Garde ce priuilege au digne sang des Dieux,
C'est par là que leur Roy vient d'auoüer leur race.

ANDROMEDE.

Ie diray plus, Phinée, & pour vous faitre grace,
Ie veux ne rien deuoir à cét heureux secours
Dont ce vaillant guerrier a conserué mes iours :
Ie veux fermer les yeux sur toute cette gloire,
Oublier mon peril, oublier sa victoire,
Et quel qu'en soit enfin le merite, où l'éclat,
Ne iuger entre vous que depuis le combat.
Voyez ce qu'il a fait lors qu'aprés ces alarmes
Me voyant toute acquise au bon-heur de ses armes,
Ayant pour luy les Dieux, ayant pour luy le Roy,
Dans sa victoire mesme il est vaincu pour moy.
Il m'a sacrifié tout ce haut auantage,
De toute sa conqueste il m'a fait vn hommage,
Il m'en a fait vn don, & fort de tant de voix,
Au peril de tout perdre il met tout en mon choix,
Il veut tenir pour grace vn si iuste salaire,
Il reduit son bon-heur à ne me point déplaire,
Préferant mes refus, préferant son trespas
A l'effet de ses vœux qui ne me plairoit pas.
En vsez vous de mesme, & vostre violence
Garde-t'elle pour moy la mesme déference ?
Vous auez contre vous & les Dieux, & le Roy,
Et vous voulez encor m'obtenir malgré moy !
Sous ombre d'vne foy que vous n'auez pû suiure
Ie dois à vostre amour ce qu'vn autre deliure !
A moins que d'estre ingrate à mon liberateur,
A moins que d'adorer vn lasche adorateur,
Que d'estre à mes parents, aux Dieux mesmes rebelle,

Vous crierez aprés moy sans cesse, à l'infidelle!
C'estoit aux yeux du Monstre, au pied de ce rocher
Que l'effet de ma foy se deuoit rechercher.
Mon ame encor pour vous de mesme ardeur pressée
Vous eust tendu la main au mépris de Persée,
Et creu plus glorieux qu'on m'eust veuë aujourd'huy
Mourir auecque vous, que viure auecque luy:
Mais puisque vous m'auez enuié cette ioye,
Cessez de m'enuier ce que le Ciel m'enuoye,
Et souffrez que ie tasche enfin à meriter
Au refus de Phinée vn fils de Iuppiter.

PHINEE.

Ie perds donc temps, Madame, & vostre ame obstinée
N'a plus amour, ny foy, ny pitié pour Phinée?
Vn peu de vanité qui flatte vos parents,
Et d'vn riual adroit les respects apparents,
Font plus en vn moment auec leurs artifices
Que n'ont fait en six ans ma flame & mes seruices.
Ie ne vous diray point que de pareils respects
A tout autre que vous pourroient estre suspects,
Que qui peut se priuer de la personne aymée
N'a qu'vne ardeur ciu[illegible] & fort mal allumée,
Que dans ma violence on doit voir plus d'amour,
C'est vn present des Cieux, faites-luy vostre Cour,
Plus fidele qu'à moy, tenez-luy mieux parole.
I'en vay rougir pour vous cependant qu'il me vole:
Mais ce riual peut-estre, aprés m'auoir volé,
Ne sera pas tousiours sur ce cheual aislé.

ANDROMEDE.

Il n'en a pas besoin s'il n'a que vous à craindre.

PHINEE.

Il peut auec le temps estre le plus à plaindre.

ANDROMEDE.

Il porte à son costé dequoy l'en garantir.

PHINEE.

Vous l'attendez icy, ie vay l'en aduertir.

CASSIOPE.

Son amour peut sans vous nous rendre cét office.

PHINEE.

Le mien s'efforçera pour ce dernier seruice,
Vous pouuez cependant diuertir vos esprits
A rendre compte au Roy de vos iustes mespris.

SCENE III.

CEPHEE, CASSIOPE, ANDROMEDE,

Suite du Roy & de la Reyne.

CEPHEE.

QVe faisoit-là Phinée ! est-il si temeraire
Que ce que font les Dieux il pense à le défaire?

CASSIOPE.

Aprés auoir prié, soûpiré, menacé,
Il vous a veu, Seigneur, & l'orage a passé.

CEPHEE.

Et vous prestiez l'oreille à ces discours friuoles,

CASSIOPE.

Vn amant qui perd tout peut perdre des paroles,
Et l'écouter ſans trouble & ſans rien hazarder,
C'eſt la moindre faueur qu'on luy puiſſe accorder.
Mais, Seigneur, dites-nous ſi Iuppiter propice
Se declare en faueur de voſtre ſacrifice,
Si de noſtre famille il ſe rend le ſouſtien,
S'il conſent l'vnion de noſtre ſang au ſien ?

CEPHEE.

Iamais les feux ſacrez & la mort des victimes
N'ont daigné mieux répondre à des vœux legitimes,
Tous auſpices heureux, & le grand Iuppiter
Par des ſignes plus clairs ne pouuoit l'accepter,
A moins qu'y joindre encor l'honneur de ſa preſence,
Et de ſa propre bouche aſſeurer l'alliance.

CASSIOPE.

Les Nymphes de la mer nous en ont fait autant.
Toutes ont hors des flots paru preſque à l'inſtant,
Et leurs benins regards enuoyez au riuage
Auecque noſtre encens ont receu noſtre hommage.
Aprés le ſacrifice honoré de leurs yeux
Où Neptune à l'enuy meſloit ſes demy-Dieux,
Toutes ont témoigné d'vn panchement de teſte
Conſentir au bon-heur que le Ciel nous apreſte,
Et nos ſubmiſſions deſarmant leurs dédains
Toutes ont pour adieu battu l'onde des mains.
Que ſi meſme bon-heur ſuit les vœux de Perſée,
Qu'il ait veu de Iunon ſa priere exaucée,
Nous n'auons plus à craindre aucun ſiniſtre effet.

CEPHEE

CEPHEE.

Les Dieux ne laissent point leur ouurage imparfait,
N'en doutez point, Madame aussi bien que Neptune
Iunon consentira nostre bonne fortune.
Mais que nous veut Aglante?

SCENE IV

CEPHEE, CASSIOPE, ANDROMEDE, AGLANTE, Suite du Roy & de la Reyne.

AGLANTE.

AH Seigneur, au secours,
Du genereux Persée on attaque les iours.
Presque au sortir du Temple vne troupe mutine
Vient de l'enuironner & desia l'assassine:
Phinée en les joignant furieux & jaloux,
Leur a crié main basse, à luy seul, donnez tous.
Ceux qui l'accompagnoient tout aussi-tost se rendent,
Clyte & Nylée encor vaillamment le defendent,
Mais ce sont vains efforts de peu d'autres suiuis,
Et ie viens toute en pleurs vous en donner aduis.

CASSIOPE.

Dieux, est-ce là l'effet de tant d'heureux presages?
Allez, Gardes, allez signaler vos courages,
Allez perdre ce traistre & punir ce voleur
Qui pretend sous le nombre accabler la valeur.

CEPHEE.

Moderez vos frayeurs, & vous, sechez vos larmes,
Le Ciel n'a point besoin du secours de nos armes,
Il a de ce Heros trop pris les interests
Pour n'auoir pas pour luy des miracles tous prests,
Et peut-estre bien-tost sur ce lasche aduersaire
Vous entendrez tomber le foudre de son pere.
Iugez de l'aduenir par ce qui s'est passé,
Les Dieux acheueront ce qu'ils ont commencé,
Ouy, les Dieux à leur sang doiuent ce priuilege,
Y mesler nostre main c'est faire vn sacrilege.

CASSIOPE.

Seigneur, sur cét espoir hazarder ce Heros,
C'est trop....

SCENE V.

CEPHEE, CASSIOPE, ANDROMEDE, PHORBAS, AGLANTE, Suite du Roy & de la Reyne.

PHORBAS.

Mettez grand Roy, vostre esprit en repos,
La teste de Meduse a puny tous ces traistres.

CEPHEE.

Le Ciel n'est point menteur, & les Dieux sont nos (maistres.

PHORBAS.

Aussi-tost que Persée a pû voir son riual,

Defcendons, a-t'il dit, en vn combat égal,
Quoy que i'aye en ma main vn entier auantage,
Ie ne veux que mon bras, ne pren que ton courage.
Prens, prens cét auantage, & j'vferay du mien,
Dit Phinée, & foudain fans plus répondre rien,
Les fiens donnent en foule, & leur troupe preffée
Fait choir Menale & Clyte aux pieds du grand Perfée.
Il s'écrie aufsi-toft, amis, fermez les yeux,
Et fauuez vos regards de ce prefent des Cieux,
I'attefte qu'on m'y force & n'en fais plus d'excufe.
Il découure à ces mots la tefte de Medufe.
Soudain j'entends des cris qu'on ne peut acheuer,
I'entends gemir les vns, les autres fe fauuer,
I'entends le repentir fucceder à l'audace,
I'entens Phinée enfin qui luy demande grace.
Perfide, il n'eft plus temps, *luy dit Perfee. Il fuit;*
I'entens cõme à grands pas ce vainqueur le pourfuit,
Comme il court fe vanger de qui l'ofoit furprendre,
Ie l'entends s'éloigner, puis ie ceffe d'entendre.
Alors ouurant les yeux par fon ordre fermez,
Ie vois tous ces méchans en pierre transformez,
Mais l'vn plein de fureur, & l'autre plein de crainte
En portent fur le front l'image encor empreinte;
Et tel vouloit fraper, dont le coup fufpendu
Demeure en fa ftatuë à demy defcendu,
Tant cét affreux prodige....

SCENE VI.

CEPHEE, CASSIOPE, ANDROMEDE, PERSEE, PHORBAS, AGLANTE, Suite du Roy & de la Reyne.

CEPHEE à Persée.

Est-il puny, ce lasche,
Cét impie?

PERSEE.

Ouy, Seigneur, & si sa mort vous fasche,
Si c'est de vostre sang auoir fait peu d'estat...

CEPHEE.

Il n'est plus de ma race aprés son attentat,
Ce crime l'en degrade, & ce coup temeraire
Efface de mon sang l'illustre caractere.
Perdons en la memoire, & faisons-la céder
A l'heur de vous reuoir & de la posseder;
Vous que le iuste Ciel remplissant son Oracle
Par miracle nous donne & nous rend par miracle.
Entrons dedans ce Temple, où l'on attend que vous
Pour nous vnir aux Dieux par des liens si doux,
Entrons sans differer.

Les portes se ferment côme ils veulent entrer.

Mais quel nouueau prodige!
Dans cét excez de ioye à craindre nous oblige?
Qui nous ferme la porte, & nous defend d'entrer,

Où tout nostre bon-heur se deuoit rencontrer?

PERSEE.

Puissant maistre du foudre, est-il quelque tempeste
Que le destin jaloux à dissiper m'apreste?
Quelle nouuelle espreuue attaque ma vertu?
Aprés ce qu'elle a fait la desauoüerois-tu?
Ou si c'est que le prix dont tu la vois suiuie
Au bon heur de ton fils te fait porter enuie?

SCENE VII.

MERCVRE, CEPHEE, CASSIOPE, ANDROMEDE, PERSEE, PHORBAS, AGLANTE,
Suite du Roy & de la Reyne.

MERCVRE au milieu de l'air.

Roy, Reyne, & vous Princesse, & vous heureux vainqueur,
Que Iuppiter mon pere
Tient pour mon digne frere,
Ne craignez plus du sort la ialouse rigueur:
Ces portes du Temple fermees,
Dont vos ames sont alarmées,
Vous marquent des faueurs où tout le Ciel consent;
Tous les Dieux sont d'accord de ce bon-heur supréme
Et leur Monarque tout-puissant
Vous le vient apprendre luy-mesme.

Mercure reuole en haut aprés auoir parlé.

CASSIOPE.

Redoublons donc nos vœux, redoublons nos ferueurs,
Pour meriter du Ciel ces nouuelles faueurs.

CHOEVR de Musique.

Maistre des Dieux, haste toy de paroistre,
Et de verser sur ton sang & nos Roys
Les graces que garde ton choix
A ceux que tu fais naistre.

Fay choir sur eux de nouuelles couronnes,
Et fay nous voir par vn heur accomply,
Qu'ils ont tous dignement remply
Le rang que tu leur donnes.

Tandis qu'on chante, Iuppiter descend du Ciel dans vn Trosne tout éclatant d'or & de lumieres, enfermé dans vn nuage qui l'enuirõne. A ses deux costez deux autres nuages apportent iusqu'à terre Iunon & Neptune appaisez par les sacrifices de nos amants, & se déployant en demy-rond autour de celuy de Iuppiter, font le plus agreable spectacle de toute cette representation, & occupent toute la face du Theatre. Iuppiter demeure au milieu de l'air, d'où il parle à ces Princes.

SCENE VIII.

IVPPITER, NEPTVNE, IVNON, CEPHEE, CASSIOPE, ANDROMEDE, PERSEE, PHORBAS, AGLANTE, Suite du Roy & de la Reyne.

IVPPITER dans son Trône au milieu de l'air.

Des nopces de mon fils la terre n'est pas digne,
La gloire en appartient aux Cieux,
Et c'est là ce bon-heur insigne
Qu'en vous fermant mon Tẽple ont annõcé les Dieux.
Roy, Reyne, & vous amants, venez sans ialousie
Viure à iamais en ce brilant sejour,
Où le Nectar & l'ambrosie
Vous seront comme à nous prodiguez chaque iour:
Et quand la nuit aura tendu ses voiles,
Vos corps semez de nouuelles estoiles
Du haut du Ciel éclairant aux mortels,
Leur apprendront qu'il vous faut des Autels.

IVNON à Persée.

Iunon mesme y consent, & vostre sacrifice
A calmé les fureurs de son esprit jaloux.

NEPTVNE à Cassiope.

Neptune n'est pas moins propice,
Et vos encens desarment son couroux.

IVNON.

Venez, Heros, & vous Cephée,

Prendre la haut vos places de ma main.

NEPTVNE.

Reynes. venez, que ma haine estouffée,
Vous conduise elle-mesme à cét heur souuerain.

PERSEE.

Accablez & confus d'vne faueur si grande....

IVNON.

Arrestez là, vostre remerciment,
L'obeïssance est le seul compliment
Qu'agrée vn Dieu quand il commande.

Si-tost que Iunon a dit ces vers, elle fait prendre place au Roy & à Persée auprés d'elle, Neptune fait le mesme honneur à la Reyne & à la Princesse Andromede, & tous ensemble remontent dans le Ciel qui les attend, cependāt que le peuple pour aclamation publique chante ces vers qui viennent d'estre prononcez par Iuppiter

Allez, amants, allez sans jalousie
Viure à iamais en ce brillant sejour,
Où le Nectar & l'Ambrosie
Vous seront comme aux Dieux prodiguez chaque iour:
Et quand la nuit aura tendu ses voiles,
Vos corps semez de nouuelles estoiles
Du haut du Ciel éclairant aux mortels,
Leur apprendront qu'il vous faut des Autels.

FIN.

www.ingramcontent.com/pod-product-compliance
Lightning Source LLC
LaVergne TN
LVHW020334230826
846091LV00003B/874

* 9 7 8 2 3 2 9 7 5 4 1 4 7 *